Enfances lointaines

Une petite fille

En face de la porte du Temple
se trouve une autre porte.
Là, vit une petite fille
avec des joues blanches
et des lèvres rubis.

Elle marche avec tant de grâce
qu'elle fait mourir les gens d'amour.

Poète anonyme, Chine ancienne

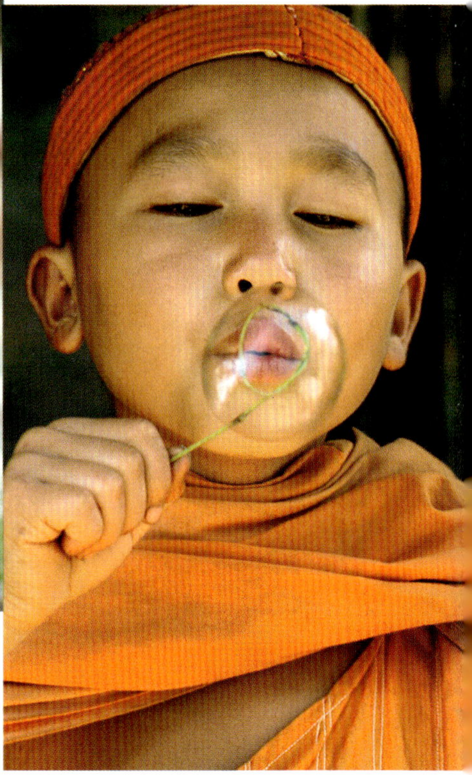

À Rebecca et Harvey,
Anna et Eli, Marie et Eugène,
Marie-Louise et Auguste-Hadrien,
leurs enfants et tous les autres.

Enfances lointaines

PHOTOGRAPHIES DE KEVIN KLING

avec la collaboration de Bernard Dupaigne pour les textes

HAZAN

Poupons et bambins

À GAUCHE : père et fils emmitouflés dans des manteaux doublés de fourrure pour affronter les températures glaciales de l'hiver (- 20 °C à - 40 °C). Nouvel An, le « mois blanc », Khangai, Mongolie.

À DROITE : coup de chance ! Un garçon et une fille ! Deux bébés jumeaux douillettement emmaillotés, comme dans un cocon. Mongolie.

Les enfants sont nécessaires aux sociétés.
Rien ne leur plaît plus que la naissance de ces petits êtres
qui, une fois grandis, assureront la continuité des générations et des rites.
Ne pas avoir d'enfant, c'est souvent une honte individuelle
et, surtout, c'est l'extinction de la lignée et du groupe.
L'enfant est l'espoir, il faut qu'il paraisse, et quand il est enfin là,
rien n'est épargné pour préserver sa vie : précautions, rites, interdits.

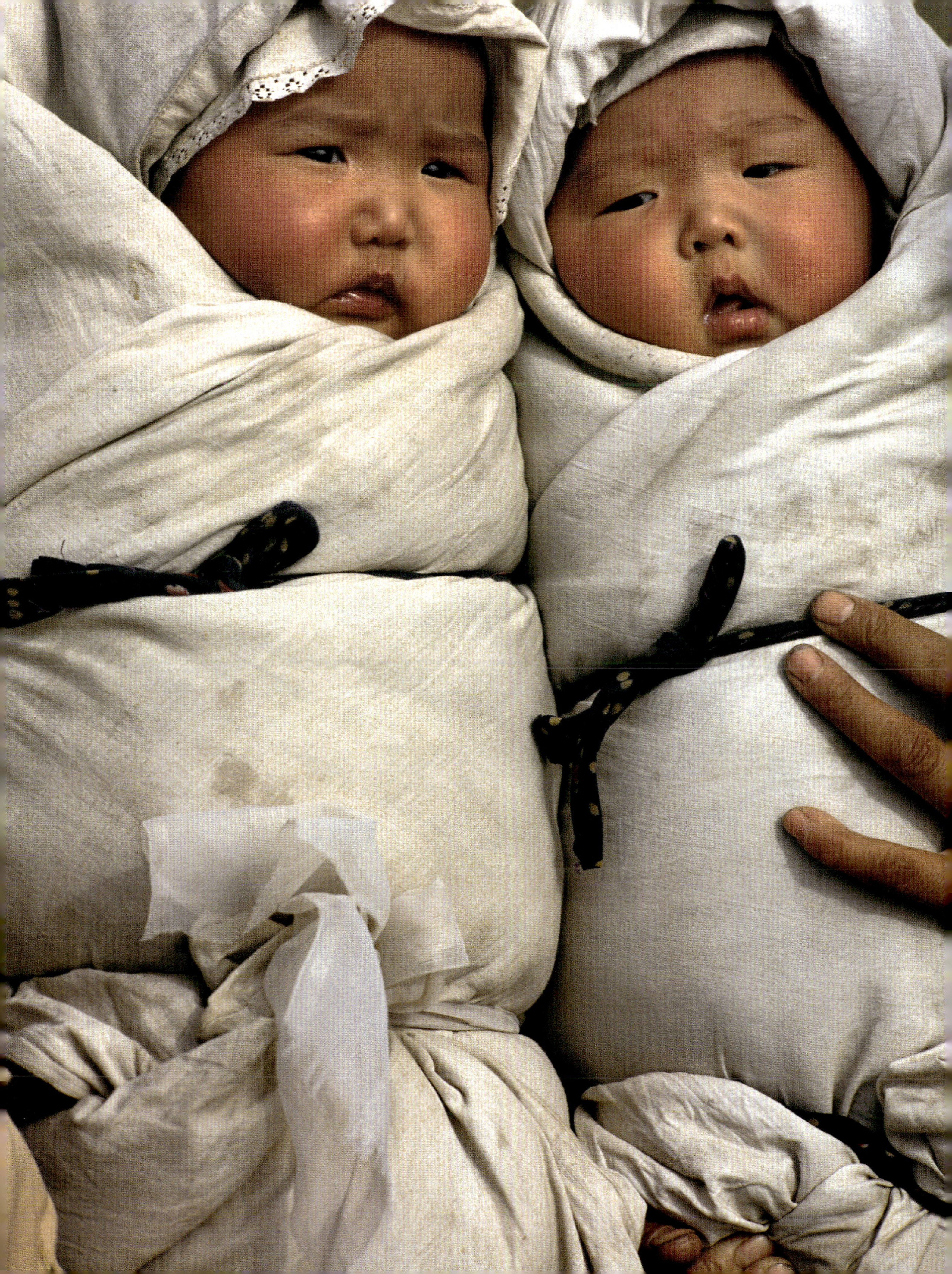

L'enfant n'appartient pas à sa seule famille ; il est la propriété collective du groupe qui le protège, assure son éducation et son épanouissement. Aux parents biologiques n'est pas reconnue la propriété pleine et entière de l'enfant : le groupe familial, le lignage, la société surveillent le traitement qui lui sera réservé, la manière dont il sera conduit à l'état d'adulte, en imposant leurs règles et leur lois, en exerçant un contrôle constant sur la mère et le père. Dès sa naissance, le bébé est un être social, à qui il s'agit d'inculquer les règles en usage dans le groupe où il a vu le jour. On ne peut donc distinguer les soins apportés à tel enfant par sa mère ou ses parents proches de la responsabilité du groupe dans la croissance du nouveau venu. L'enfant appartient à tous, car il est une promesse d'avenir pour tous.

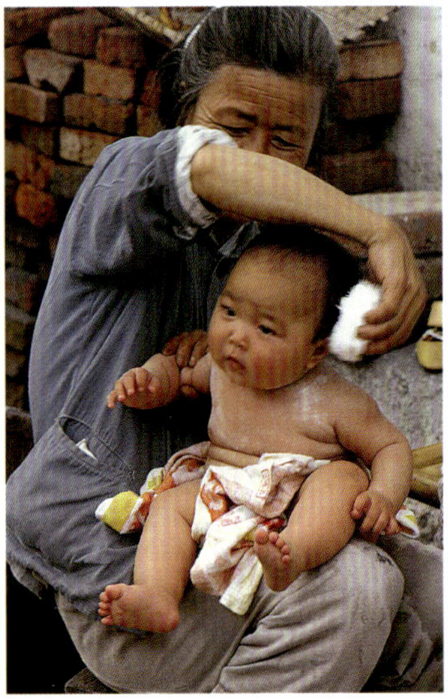

CI-DESSUS : des pétales pour accueillir le printemps. Xishan, Chine.

CI-CONTRE : après-midi de chaleur torride. Chengdu, Sichuan, Chine.

À DROITE : convalescence. Gaotai, Gansu, Chine.

L'accouchement

Accoucher, pour une femme, est un acte grave, dangereux. Dans ces sociétés non industrialisées, les médecins compétents manquent, et la mortalité infantile est très élevée. Pire, beaucoup de femmes meurent en couches, faute de soins appropriés. La naissance du premier enfant – presque partout, on préfère un garçon – couronne le mariage. Ce n'est qu'après cette première naissance que la jeune épousée sera considérée comme un membre à part entière de sa nouvelle famille, ayant le droit de parler, de s'exprimer. Jusque-là, elle n'est que tolérée, observée avec soupçon par les autres femmes de la famille de son mari. Aucune solidarité féminine ici. Les femmes n'attendent qu'une chose de l'étrangère introduite dans le clan : qu'elle travaille et qu'elle procrée des enfants, mâles de préférence. L'accouchement est un moment mystérieux et plein de dangers, qui implique des forces non contrôlables, qui provoque un épanchement de sang, matière toujours terrifiante. Cet acte fondamental se produit toujours à l'écart de la vie ordinaire, quelquefois dans des huttes spéciales, hors du village.

À l'assaut de la balustrade. En Chine, la culotte fendue remplace les couches. Pékin.

À l'abri du mauvais œil

Le nouveau-né est fragile, sensible aux influences du mauvais œil, aux malédictions que peut lancer toute personne jalouse ; pour ces raisons, on ne laisse personne pénétrer dans la chambre de l'accouchée. Ses parents doivent observer de nombreux interdits et prescriptions, destinés à protéger l'enfant durant sa prime jeunesse. Il lui est donné des protections magiques, des charmes et des amulettes. Dans le monde musulman, le nouveau-né est entouré d'amulettes protectrices. Au berceau, sont suspendus des amulettes et des clochettes, des pierres bleues, de l'alun, des cornes en miniature, symboles de force, qui écarteront les esprits malins, jaloux du bonheur de la mère.

Première balade à bicyclette avec grand-papa. Guilin, Chine.

L'envie des autres, la jalousie, les mauvais génies ou le mauvais sort rodent autour de l'enfant. Là aussi, on s'écarte des coutumes occidentales qui veulent que l'on s'extasie devant le jeune enfant, qu'on le touche, qu'on l'embrasse, que l'on félicite et complimente sa mère. En Afrique, des marques d'intérêt appuyées pour l'enfant risquent d'être prises pour de l'envie et, partant, font craindre quelque acte de sorcellerie visant à punir les parents d'avoir un si bel enfant. On ne doit pas louanger l'enfant, en parler à la mère. De même que l'on ne parle pas d'une femme de manière directe, on ne parle de l'enfant que par allusion. On ne demande pas aux parents combien ils ont d'enfants, on ne les complimente pas.

CI-DESSUS : à la découverte des lotus flottants avec maman. Le palais d'Été, Pékin, Chine.

À DROITE : jeune Ouïgoure avec son fils, à l'ombre des peupliers qui offrent le meilleur abri sous le soleil du désert. Mausolée d'Abakh Hodja, Kashgar, Xinjiang, Chine.

Les relevailles de la mère

En Afrique, l'accouchée doit respecter une période de retraite de quarante jours avant de pouvoir sortir de chez elle. Après ce laps de temps, si sa mère n'a pu venir l'assister lors de l'accouchement, la jeune femme rejoint celle-ci dans son village pour lui présenter l'enfant. Elle en profite pour se reposer quelque temps chez elle.

La cérémonie des relevailles, c'est-à-dire du retour de la jeune mère à la vie ordinaire – après la période dangereuse et considérée comme impure de l'accouchement –, a lieu au Vietnam au bout de vingt, trente, cinquante ou cent jours. Un grand repas est alors offert, auquel sont conviés parents, amis et voisins[1].

Chez les anciens Aztèques, décrits par Jacques Soustelle, la « sage-femme » qui avait présidé l'accouchement, souhaitait la bienvenue à l'enfant et l'avertissait en même temps de l'incertitude et des chagrins de la vie : *Te voici venu en ce monde où tes parents vivent dans les peines et les fatigues, où règnent la chaleur excessive, le froid et le vent. Nous ne savons pas si tu vivras longtemps parmi nous, nous ne savons pas quel est le sort qui t'est réservé*[2]. »

À GAUCHE : sœur et frère de l'ethnie Sani. Shilin, Yunnan, Chine.

CI-DESSUS : même chez les nomades kirghizes, la coquetterie commence dès la prime enfance. Kara-Kul, massif du Pamir, Chine.

« La meilleure odeur
est celle du pain ;
la meilleure saveur,
celle du sel ;
le meilleur amour,
celui des enfants. »
(Proverbe espagnol)

À GAUCHE : tisser des liens privilégiés avec mamie… Saraguro, Équateur.

À DROITE : les Indiennes puruhua portent leurs enfants sur le dos, enveloppés dans des ponchos rouge écarlate ou rose fushia. Riobamba, Chimborazo, Équateur.

À GAUCHE : pendant que les mamans travaillent dans les rizières, les grands-mères donnent un coup de main. Yunnan, Chine.

CI-DESSUS : mamies Sani gardant les petits lors d'un grand « pique-nique » funéraire. Yunnan, Chine.

En Afrique, le premier aliment donné au nouveau-né est amer, afin que l'enfant soit initié dès sa naissance aux douleurs qui le poursuivront sa vie durant. Chez les Kissi de haute Guinée, « la sage-femme lui frotte les lèvres de jus de piment et de cola ; le même remède sera appliqué par la suite à l'enfant qui refuse de prendre le sein[3] ».
La maman lave alors son enfant dans une calebasse emplie d'eau et masse son petit corps : « Tous les matins, l'enfant sera lavé, massé avec de l'huile de karité. Des mouvements physiques imposés au bébé seront opérés. On le prend par un bras ou un pied. Les orifices naturels seront raclés, nettoyés. Pour les Malinké, la personne humaine ne naît et ne se développe pas à son gré. D'abord, à sa naissance, l'enfant n'est pas fini d'être fabriqué. Alors, les matrones, la femme forgeron et la sœur de la parturiente lavent l'enfant avec du savon noir. On lui ouvre la bouche pour en examiner la forme et voir s'il n'y a pas de dents (signe d'enfant particulier), pour en savoir la largeur (signe de beauté).

CI-DESSUS : dans les Andes, rentrer à la maison peut prendre du temps. Près de Sacsayhuamen, Pérou.

À DROITE : le lama et l'enfant. Silustani, Altiplano, Pérou.

Les yeux seront examinés afin de voir l'ouverture des paupières, la grosseur de l'orbite. On examinera la tête afin de la rectifier en cas de malformation crânienne. L'implantation des cheveux est également très importante. Un enfant qui vient sans cheveux est un enfant qui rappelle le retour d'un ancien de la famille (grand-père ou ancêtre)[4]. »

L'imposition du nom

En Afrique, l'enfant ne reçoit pas de nom avant son septième jour, de peur que les esprits malins ne le trouvent et l'emportent. La jeune accouchée effectue sa première sortie et présente le nouveau-né aux hommes de la lignée paternelle, qui, en lui donnant un nom, vont l'accepter parmi eux, le compter dans leur lignage. Le bébé sort de la maison qui était la sienne – le placenta de sa mère – pour entrer dans la maison de son père. Le nom donné est en réalité, selon nos conceptions, un prénom, car le nom de famille est le même pour tout le lignage familial.

De retour au « tipi » pour la nuit. Les Tsatangs, éleveurs de rennes, sont les seuls nomades de Mongolie qui ne vivent pas sous des yourtes rondes en feutre. Hovsogol Aimag, Mongolie.

Dans la France de jadis, l'enfant qui venait de naître, était aussitôt lavé, puis habillé. « Au XIXe siècle, on le baptisait dans les heures ou dans les trois jours qui suivaient sa naissance », afin qu'il puisse gagner le paradis dans son état d'innocence s'il ne survivait pas. Par ailleurs, le nourrisson était coiffé d'un bonnet qui protégeait sa tête et qui, parce qu'il était entré en contact avec le saint chrême lors de la cérémonie du baptême, « acquérait de ce fait un caractère sacré[5] ».

Chez les brahmanes de l'Inde, la cérémonie du don du nom est célébrée autour du douzième jour après la naissance, « un jour bénéfique de la période de la lune », un jour pair pour les filles, impair pour les garçons. « Si une mère a perdu plus d'un enfant, le nouveau-né ne sera pas nommé avant six mois ou un an ; si un deuil ou une impureté cérémonielle a frappé la famille, le don du nom sera remis à une période plus propice[6]. »

Pendant les hivers glacials (- 40 °C), les enfants sont emmitouflés et transportés dans des porte-bébés fourrés de laine de mouton, pendus au cou de leurs parents. Hovsogol Aimag, Mongolie.

Au Vietnam, l'important est de détourner de l'enfant les attentions des mauvais esprits : « Si on ne lui donne pas de nom personnel avant qu'il ait atteint quatre ou cinq mois et parfois quatre ou cinq ans, c'est dans l'espoir que, anonyme, il demeurera plus facilement ignoré des puissances occultes et dangereuses[7]. »

À sa naissance, l'enfant javanais « reçoit un ou plusieurs noms, donnés en principe par les grands-parents paternels et maternels. Au cours de sa vie, l'individu pourra en changer : un enfant souvent ou gravement malade se voit donner un nouveau nom. En se mariant, on peut donner un nom plus signifiant. Un couple, d'un commun accord, peut créer de toutes pièces un nom inspiré d'éléments de noms pris dans les deux familles[8] ».

Chez les Indiens d'Amazonie, ce n'est souvent qu'au bout de deux ou trois ans que l'on donne un nom à l'enfant, car ce n'est qu'après ce laps de temps que ses parents pensent qu'il pourra survivre.

Enfants tsatangs prenant soin d'un bébé renne âgé d'une semaine. Les éleveurs croient qu'un petit renne ne doit pas être touché avant son troisième jour. Hovsogol Aimag, Mongolie.

Une petite bergère
fait de son mieux pour
reconduire les rennes
dans leur enclos.
Hovsogol Aimag,
Mongolie.

CI-DESSUS : enfant installé dans une corbeille servant à recueillir la bouse de yack. Vallée de Tsangpo, Tibet.

À DROITE : gros chagrin d'un enfant perdu dans la foule grouillante et poussiéreuse, sur le grand marché du dimanche. Kashgar, oasis de l'Ouest chinois, à l'orée du Kirghizistan, du Tadjikistan, de l'Afghanistan et du Pakistan.

L'adoption

L'enfant, susceptible d'apporter la richesse à sa famille ou, du moins, le réconfort à ses parents dans leurs vieux jours, doit être rapidement remplacé s'il disparaît. C'est pour ces raisons que beaucoup de sociétés ont prévu des mécanismes d'adoption, afin de consolider ou de restaurer l'unité du groupe, en assimilant un enfant né dans une autre famille.

Au Vietnam, « l'adoption d'un fils cadet ou d'une fille est très simple ; elle ne comporte aucune formalité, il y faut seulement le consentement des parents [au moins du père] de l'adopté. En général, c'est par bonté qu'une famille aisée se charge d'élever avec les siens un des enfants d'une famille pauvre. Parfois, l'enfant est acheté. La mère reçoit deux ou trois piastres pour un enfant de dix-huit mois à cinq ans, qu'elle ne peut nourrir et qu'elle ne cherche plus à revoir. Presque toujours, les parents adoptifs gardent avec les vrais parents des relations amicales, et l'enfant doit, aux uns comme aux autres, l'obéissance et le respect. »

CI-DESSUS : poussette pour deux, chose rare en Chine. Shanghai.

À DROITE : jumeaux Han. Tonghai, Chine.

Les parents naturels n'ont guère de raison de refuser l'adoption : elle offre à l'enfant une place privilégiée dans sa famille d'accueil et ne l'arrache pas à ses géniteurs. « Vivants, ils attendent de lui obéissance et respect ; morts, ils seront l'objet de sa piété, car l'adopté assistera aux cérémonies célébrées par son frère aîné dans les conditions où il y aurait assisté s'il n'avait pas dû célébrer lui-même le culte des ancêtres pour une autre branche de sa famille[9]. »

Chez les Algonquins qui vivent dans la région des Grands Lacs, en Amérique du Nord, la mort d'un enfant peut être compensée par l'adoption rituelle d'un autre : « À la mort d'un enfant, un autre enfant, à sa ressemblance, prenait sa place. Cette ressemblance était déterminée de toutes sortes de façons ; souvent, un prisonnier amené dans la tribu à la suite d'un raid était adopté pleinement par la famille et jouissait de tous les privilèges et de toute la tendresse dont jouissait naguère l'enfant disparu. Presque aussi souvent, c'était le meilleur compagnon de jeux de l'enfant, ou un enfant d'une autre colonie apparentée, ressemblant à l'enfant mort par sa taille et par les traits de son visage[10]. »

CI-DESSUS : les mamies,
souvent, sèchent
les larmes…
Yunnan, Chine.

CI-DESSUS : mère portant son bébé sur le dos après avoir mis à sécher les piments rouges tout juste récoltés. Yunnan, Chine.

CI-CONTRE : les nouveau-nés ouïgours sont attachés sur leur berceau en bois, dans l'espoir que l'arrière de leur crâne s'aplatisse, ce qui est un signe de beauté. Turfan, Xinjiang, Chine.

Le bébé Yao, même nu,
ne quitte pas sa coiffe
ornée de pompons et
de perles en argent.
Triangle d'or, Thaïlande.

Fierté d'un père devant
son unique enfant.
Gansu, Chine.

CI-DESSUS :
« Doux rêves... »
Bébé Lisu endormi.
Thaïlande.

À GAUCHE : allaiter en fumant de l'opium. Lahu noirs, Nord de la Thaïlande.

À DROITE : comme partout, les plus grands veillent sur les plus petits. Ethnie Lisu, dans le Nord de la Thaïlande.

« Bienvenue dans
la steppe estivale. »
Zahvhan Aimag,
Mongolie.

« Tu es la mère de l'amour, c'est-à-dire la mère de toutes les choses. » (Sahara S. Spain, poète de neuf ans). Gobi, Mongolie.

Nomade kazakh et son petit-fils. Un jour, lui aussi apprendra à garder les chameaux de Bactriane et il ornera sa toque avec des plumes de hibou porte-bonheur. Massif de l'Altaï, Mongolie.

Pendant leurs premières années, tous les enfants de l'Altiplano sont transportés sur le dos de la mère, solidement attachés, enveloppés dans des ponchos de laine bien chauds. Les Andes, Pérou.

La plupart des enfants du monde sont portés sur le dos, parfois enveloppés dans une étoffe, un châle, un poncho, ou placés dans un porte-bébé artisanal.

CI-DESSUS ET À GAUCHE : minorité de Yuanyang, Chine.

À DROITE : les femmes des minorités du Sud de la Chine passent de longues heures à créer des chefs-d'œuvre de broderie pour décorer les porte-bébés. Ailao Shan, Chine.

CI-DESSUS : l'eau du bain tombe du ciel ! La mousson apporte en abondance l'eau d'ordinaire si rare. Le reste de l'année, il faut porter les jarres, emplies à un puits ou à une source, sur des kilomètres à travers la jungle. Chez les Akha du Triangle d'or, Thaïlande.

À DROITE : sourire innocent d'une petite fille Yao tenant la main décharnée de son père. Thaïlande.

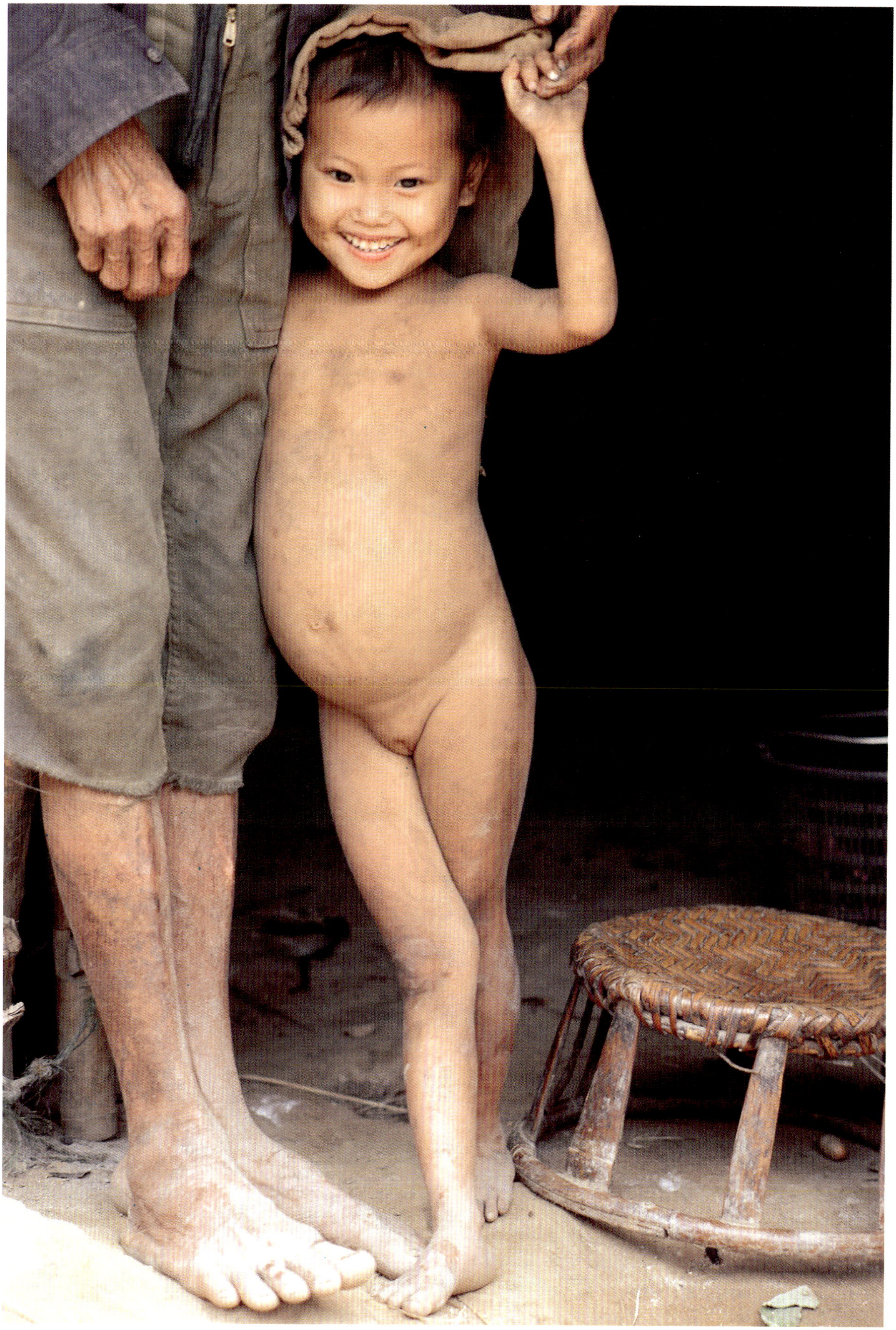

CI-DESSUS : mère Bonga donnant le sein dans une plantation de café. Babaka, Éthiopie.

CI-DESSUS : mère sarclant une terre ingrate et desséchée, en portant son fils dans un porte-bébé en cuir et tissu. Tigré, Éthiopie.

À 3 000 mètres d'altitude, sur le « toit » de l'Afrique, les rayons du soleil sont si ardents qu'il faut s'en protéger sous une ombrelle. Godjam, Éthiopie.

Prête à prendre soin des plus jeunes quand les parents sont aux champs ou gardent le troupeau. Lalibela, Éthiopie.

Bigoudis roses.

Beledweyne, Somalie.

Grandir

À GAUCHE : chevaucher de concert à travers la steppe glacée. Uvs Aimag, Mongolie.

À DROITE : bleu azur et rose bonbon. Dès le plus jeune âge, les petites filles mongoles adorent orner leurs couettes de rubans volumineux et vaporeux. Khovd Aimag, Mongolie.

L'enfance est une période privilégiée, bien trop courte.
Jusqu'à l'âge de raison, le jeune enfant, garçon ou fille, appartient à sa mère. C'est elle qui le met au monde, l'éduque.
Vers sept ans, le garçon poursuivra sa formation, guidé par son père ou son oncle paternel.

Les mères laissent en général toute liberté à leurs jeunes enfants. « Les enfants Cham au Vietnam sont très souvent choyés par leurs parents qui leur passent toutes leurs fantaisies. Pour mieux plaire aux divinités bienveillantes, les mères recouvrent souvent la frimousse de leurs nourrissons d'un mélange de farine et de safran. Comme la couleur du safran est jaune, cette vue ne peut manquer de chatouiller agréablement l'épiderme des dieux qui, d'après la légende, ont le visage de la couleur de l'or. Par contre, à la suite d'un rêve inquiétant, il arrive parfois que la mère barbouille son bébé de suie, afin de détourner l'attention jalouse des esprits malfaisants[1]. » Chez les autres minorités du Vietnam, « l'éducation des jeunes enfants n'implique aucune manifestation d'autorité. Jamais on ne frappe un tout-petit, contrairement à ce qui se passe chez les Vietnamiens, où le père et la mère usent également du droit reconnu par la loi au père, d'infliger des châtiments corporels à ses enfants. La mère qui porte son bébé sur la hanche

CI-DESSUS : minois barbouillé de crème glacée. Saquisili, Équateur.

CI-CONTRE : rien de mieux pour étancher sa soif que de déguster un succulent melon de Hami, une oasis de la route de la soie, au bord du désert de Taklamakan. Xinjiang, Chine.

PAGE DE DROITE : Jumeaux et glaces à l'eau. Turfan, Chine.

ou sur le bras, qui surveille ses ébats quand il se traîne par terre, à côté d'elle, ou qui guide ses premiers pas, qui le cajole et l'embrasse, paraît toujours céder à tous ses caprices[2] ». La mère ne craint pas de porter l'enfant dans ses bras, de le tenir près de son corps. « Dans tout l'Extrême-Orient, le baiser est remplacé par une sorte de reniflement exercé à la base du cou et près de l'oreille. Les enfants paraissent goûter tout spécialement cette démonstration d'amour maternel, car ils rient aux éclats chaque fois qu'ils en sont l'objet[3]. » Cette coutume se retrouve chez les Mongols : « Lorsque ces nomades veulent témoigner de la tendresse à leurs enfants, ils ne les embrassent pas, mais ils leur flairent la tête[4]. » Chez les minorités du Vietnam, le vêtement était « oublié jusqu'à l'âge de cinq ou six ans. Seul un disque en métal est suspendu sur le bas-ventre, par une cordelette. Parfois, l'enfant porte un bracelet de fer, orné d'un grelot, qu'a rivé à sa cheville le forgeron du village. C'est un gage de servitude. Le bébé, désormais, est voué aux esprits qui le prennent sous leur puissante protection[5] ».

CI-DESSUS : fillette face à son yak. Arhangai Aimag, Mongolie.

CI-DESSOUS : deux yourtes et une petite fille avec un ruban jaune. La steppe en été, Arhangai Aimag, Mongolie.

On raconte que les
enfants mongols savent
se tenir à cheval avant
de pouvoir marcher.
Zavhan Aimag,
Mongolie.

CI-DESSUS : ouvrir son cœur à grand-mère. Lalibela, Éthiopie.

À DROITE : fils d'un cultivateur de café, enveloppé dans le châle blanc traditionnel. Province de Kefa, Éthiopie.

En Afrique, « le bébé est pris en charge par sa mère, dont il dépend entièrement jusqu'au sevrage. Le jour, il ballotte dans le dos maternel, dort au rythme du pilon qui écrase le grain ; la nuit, il repose près de sa mère. Elle le lave à l'eau tiède matin et soir, le frotte parfois à l'huile de palme. Le bébé est élevé uniquement au sein jusqu'à l'âge d'un an environ ; à partir de ce moment, on commence à lui donner de la bouillie de riz, et sa nourriture tend à se rapprocher de celle des adultes. Le sevrage est progressif ; souvent, on voit un enfant de trois ou quatre ans trottiner vers sa mère dont le sein ne lui offre plus qu'un confort moral. Une vieille qui surveille un bébé, en l'absence de sa mère, tendra à l'enfant affamé le bout d'une mamelle totalement flasque, jouant en quelque sorte le rôle d'une tétine en caoutchouc. Durant les trois ou quatre premières années, une grande indulgence est la règle : le père berce l'enfant en colère, cède à ses caprices. Jusque vers cinq ou six ans, les enfants appartiennent à leur mère, auprès de qui ils ne rencontrent le plus souvent qu'affection et indulgence. Ils jouissent d'une liberté quasi totale[6] ». Pour la mère, l'enfant est « le beau temps de la vie, qui devait se conserver beau et pur toute la vie.

CI-DESSUS : première coupe de cheveux. Marché du dimanche à Kashgar, Xinjiang, Chine.

À GAUCHE : fillette franchissant un canal d'irrigation sur une planche étroite. Kashgar, Chine.

En habits du vendredi, pour aller prier à la grande mosquée Id Kar. Vieux quartiers de Kashgar.

À GAUCHE : **portrait d'une jeune fille Banni. Grand rann de Kachchh, Inde.**

CI-DESSUS : **le rêve de Gandhi demeure ; les familles continuent de filer elles-mêmes le coton. Grand rann de Kachchh, Inde.**

Il est la prunelle de ses yeux, disaient les gens en parlant de moi et de ma mère. Tout ce qu'elle faisait au monde était pour mon bonheur ». L'enfant ne peut désobéir à sa mère. « Elle était ma mère, avec tout ce que cela pouvait comporter de respect et de reconnaissance[7]. »

En Afrique, les sept premières années sont celles de l'insouciance. L'enfant reste avec sa mère ou un parent. Il apprend le langage et les règles élémentaires de la société. Les adultes sont patients, ils parlent avec bienveillance à l'enfant, cherchant à lui montrer la voie, à lui ouvrir l'esprit. Ils lui racontent des histoires édifiantes, des contes ou des devinettes qui vont développer le champ de ses connaissances, lui expliquer le monde.

À sept ans, « l'âge de raison », comme on dit en France, l'enfant est repris en main par son père qui lui inculque une éducation plus formelle.

L'art de pêcher se transmet de père en fils. Lac Er Hai, Yunnan, Chine.

Passé l'âge de sept ans, le garçon africain quitte sa mère et son oncle maternel – qui ont jusque-là dirigé ses apprentissages – pour entrer dans le camp des pères et des oncles paternels. Les années heureuses de son enfance sont révolues, il est temps d'assurer sa socialisation, de préparer son intégration dans le monde des hommes adultes, le vrai monde. Les jeunes garçons sont admis dans la compagnie des adultes qu'ils doivent observer et imiter. En Afrique, « les parents n'affirment guère leur autorité avant que l'enfant atteigne sept ou huit ans. Les punitions paraissent peu fréquentes : à l'âge où l'enfant mériterait une correction, il a le plus souvent déjà compris et accepté la nécessité d'obéir à ses aînés[8] ». Mais l'enfant doit rompre rapidement un lien trop exclusif avec sa mère. La famille prend le relais pour élever l'enfant dans le respect des règles communautaires, en évitant qu'il ne s'attache trop à ses parents biologiques. En Afrique noire, bon gré mal gré,

La première prise. Province du Guangxi, Chine.

les garçons sont pris à la mère pour être éduqués par les hommes. «En milieu traditionnel, l'éducation des enfants est assurée par le groupe entier des aînés, chaque niveau d'âge étant soumis à l'autorité des niveaux supérieurs et investi de la fonction d'éducateur à l'égard des niveaux inférieurs ; ce qui n'exclut pas que le père, l'oncle ou telle autre personne ait une place privilégiée dans l'education de l'enfant[9].» C'est l'oncle, plus que le père souvent absent, ou la mère trop proche et trop indulgente, qui façonnera le caractère de l'enfant africain.

L'enfant apprend de sa mère, davantage par observation et imitation que par actes d'autorité. D'ailleurs, en Afrique comme dans d'autres regions du globe, l'enfant est souvent éduqué plus par ses grands-parents que par ses parents, ceux-ci étant retenus toute la journée à leur travail ou aux champs. Les grands-parents inculquent à leurs petits-enfants les règles de politesse.

À GAUCHE : regard énigmatique, joues hâlées par le soleil et pendants de verre couleur rubis. Jeune beauté ouïgoure, oasis de Kalamulak, Dokuzdavan, Chine.

CI-DESSUS : yeux rieurs. Jeune nomade lors d'une fête en l'honneur d'un « rimpoche », haut dignitaire bouddhiste venu de Lhassa. Les femmes Khampa sont coiffées de fines tresses par douzaines. Province de Kham, Tibet.

CI-DESSUS : les femmes Shan se maquillent avec une sorte de « blush » jaune, un mélange de pistils et de pétales de fleurs écrasés. Mandalay, Birmanie. À DROITE : égouttage du yaourt. Lac Dal, Cachemire, Inde.

« Dès le plus jeune âge, les principes de morale sont enseignés par des proverbes, des devinettes, des histoires racontées à l'heure où la famille est réunie, entre le repas et le coucher[10]. Les légendes, les contes, les représentations du théâtre traditionnel et les chants jouent également un rôle déterminant dans l'éducation des enfants. « Au Vietnam comme dans presque tout l'Extrême-Orient, la fillette est réputée bien élevée quand elle peut réciter par cœur les nombreuses règles d'étiquette et de protocole dont l'énumération amuserait nos enfants d'Europe ; il est défendu de rire en public pour manifester sa joie, mais bâiller d'ennui est fort élégant. Quand on récolte du chanvre, il est de bon goût de simuler l'ivresse que ce végétal procure, afin de lui conserver toutes ses propriétés enivrantes. Si un objet ménager, un chaudron par exemple, vient à se fêler, il est dangereux de le jeter. La politesse et la courtoisie, dues aussi bien aux objets qu'aux personnes, exigent que l'on accroche ce vénérable serviteur sous le pilotis de la case ou qu'on l'abandonne respectueusement au fil de l'eau[11]. »
L'enfant, élevé par sa mère durant ses premières années, est ensuite éduqué par ses oncles et par l'ensemble du groupe

L'après-midi dans les dunes : un bain de sable aux vertus curatives. Désert du Tarim, Xinjiang, Chine.

Été dans la steppe : les pères vont apprendre aux enfants l'art de manier l'*urga*, un grand lasso fixé à une perche, qui sert à capturer les chevaux sauvages. Près de la rivière Orkhon, Mongolie.

qui le socialise ; ils lui enseignent comment se comporter au sein d'une communauté, à respecter ses règles. Tout vise à transformer progressivement un être inculte en un adulte responsable, qui tiendra sa place dans la société, en assurera la prospérité et le renouvellement. Le garçon doit donc quitter le giron maternel, affectueux et sécurisant, pour se mesurer au monde des hommes adultes, au sein duquel il devra évoluer. C'est justement l'incapacité à quitter la mère que reproche Dominique Fernandez[12] à l'éducation méditerranéenne : les hommes, choyés au-delà du raisonnable par les femmes de la famille, durant toute leur enfance, se comportent ensuite en tyran, vis-à-vis d'abord de leurs sœurs, puis de leur épouse.

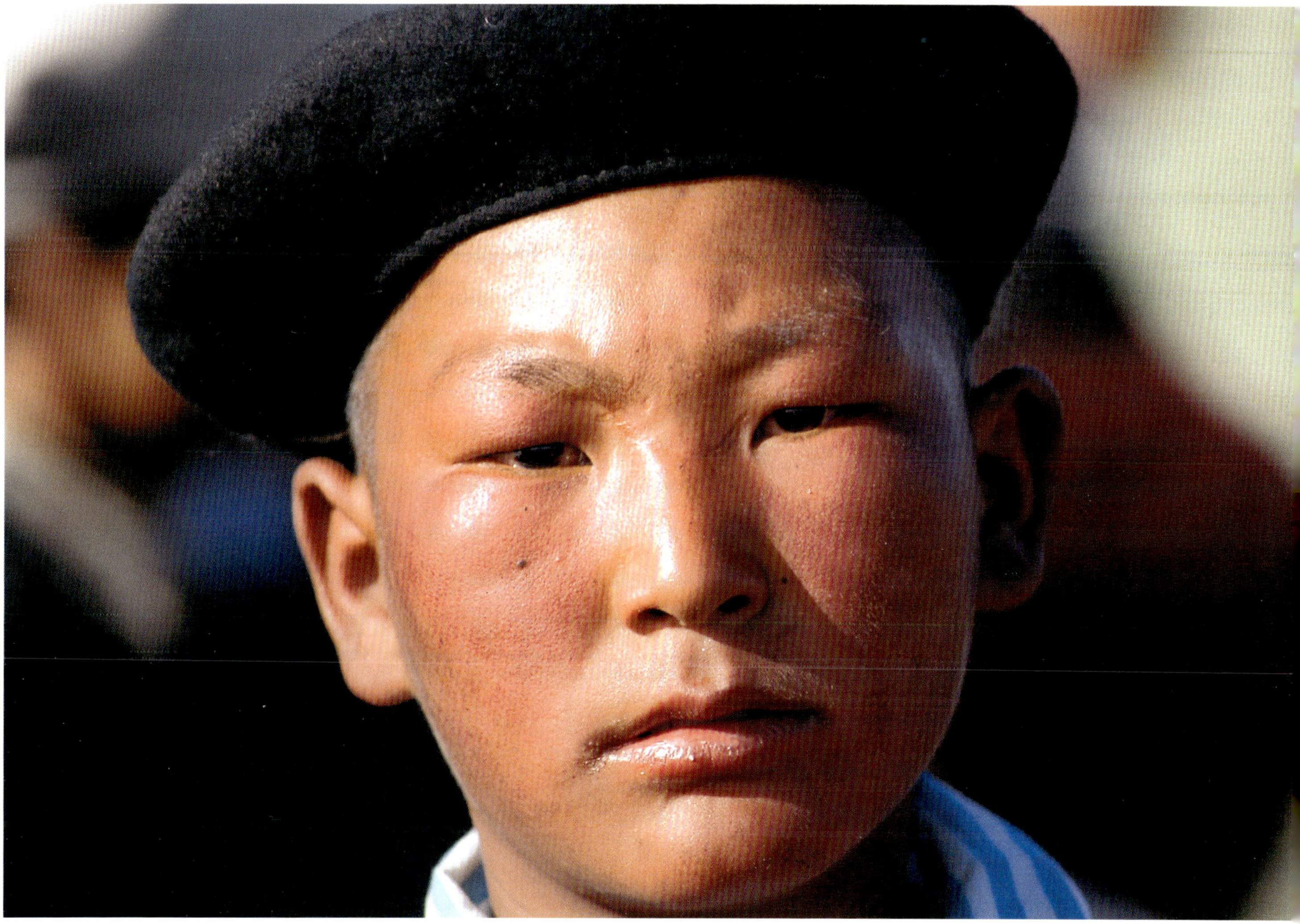

Jeune nomade coiffé d'un béret. Région du Karakoram, Mongolie.

Le respect dû aux aînés

En Afrique et en Asie, la tradition inculque le respect aveugle envers le père, les aînés (y compris les frères) et envers toute personne de leur classe d'âge. Si l'on peut s'amuser avec les autres enfants, il faut apprendre à garder une attitude sérieuse et réservée devant son père, manger en silence en sa présence, ne jamais donner la moindre démonstration d'affectivité. Tous les contes tendent à inculquer ce respect du père et des aînés. En Asie du Sud-Est, le *Vessantara Jâtaka*, le récit de la vie de Vessantara, l'avant-dernière incarnation du futur Bouddha, rapporte que ce prince offrit ses deux enfants au brahmane Jûjaka qui les lui demandait pour éprouver son réel détachement des biens terrestres.

À GAUCHE : fillette de neuf ans, menée par son père chez son promis, pour célébrer leur mariage. Il ne sera consommé qu'après la puberté de la jeune fille, selon la tradition des Amhara. Monts Simien, Éthiopie.

CI-DESSUS : enfant Amhara portant une croix copte de Lalibela. Région du Gondar, Éthiopie.

En Afrique, devant les parents, surtout le père et ses frères, «durant les repas, les enfants étaient soumis à une discipline rigoureuse. Ceux qui y manquaient étaient punis, selon la gravité de leur faute, d'un regard sévère, d'un coup d'éventail sur la tête ou d'une gifle, ou même d'un renvoi pur et simple avec privation de nourriture jusqu'au repas suivant[13]». L'enfant doit apprendre à se comporter d'une manière posée et sérieuse devant un adulte. Il lui doit le respect, ce qui signifie qu'il doit lui parler avec réserve, et ne pas lui exprimer ses sentiments ou ses troubles. On ne parle de choses personnelles qu'avec des enfants du même âge, jamais avec des adultes. La notion de respect est fondamentale. La conduite de l'enfant doit prouver sa considération pour ses aînés et leur statut. L'éducation apprend à tenir son rang, donc à être respecté. À l'opposé de la personne bien éduquée, est jugé «irrespectueux celui qui ne révère pas ses aînés, qui ignore la honte, qui ne se tient pas à sa place, qui va contre l'ordre social[14]».

CI-DESSUS : sœur aînée portant la bouilloire. Brava, Somalie.

À DROITE : les filles nubiles d'Afar arborent scarifications, colliers de perles et fines tresses pour mettre en valeur leur beauté. Vallée de l'Awash, Éthiopie.

CI-DESSUS : enfants Akha se réjouisssant de l'arrivée de la mousson. Près de la frontière birmane, Thaïlande.

À DROITE : sourire timide mais radieux sur le « Toit du monde ». Nyemo, Tibet.

L'école

Dès l'âge de sept ans, l'enfant musulman est envoyé à l'école coranique du village, conduite par les mollahs qui ont étudié le Coran, le livre sacré en arabe qui est la transcription de la parole du Prophète. Comme en Inde, la répétition inlassable est la seule méthode d'enseignement. Les enfants, réunis dans une même classe ou en plein air, répètent la leçon du jour, en se balançant d'avant en arrière au rythme de la phrase. L'enfant musulman doit apprendre par cœur le Coran. La durée d'apprentissage était traditionnellement de sept ans, sept mois et sept jours, sauf pour les élèves particulièrement doués qui pouvaient terminer la mémorisation du texte sacré plus tôt. « Des jeunes gens parvenaient ainsi à écrire et à réciter le texte entier du livre saint, sans une seule faute, alors qu'ils n'en comprenaient pas le sens ; seuls ceux qui, plus tard, apprendraient l'arabe pourraient accéder à sa signification[15]. »

La rentrée : en Chine, l'école est obligatoire aussi bien pour les filles que pour les garçons. Xinjiang, Chine.

PAGE DE DROITE : échange de cours à la sortie des classes. Kashgar, Chine.

Au Cambodge, « lorsque le petit garçon pouvait toucher son oreille gauche de sa main droite en passant le bras par-dessus la tête – ce qui, dit-on, arrive dans la septième année –, il était envoyé en pension à la pagode, où il était instruit dans les textes sacrés et apprenait à lire. Les petites filles ne pouvaient aller à l'école de la pagode ; elles recevaient une éducation morale et pratique en aidant leur mère, et leur instruction était surtout poussée pendant le mois de retraite qu'elles passaient, dès les premiers signes de puberté, à l'abri des rayons du soleil : on leur enseignait, avec les techniques féminines les plus poussées, notamment celles du tissage et de la broderie, les règles morales traditionnelles[16] ».

L'école moderne est un puissant facteur d'uniformisation au profit du modèle urbain dominant et de destructuration par rapport aux modèles villageois traditionnels. Elle constitue une coupure radicale d'avec le monde d'origine de l'enfant, en le forçant à se fondre dans le moule « centralisateur ». À l'école, il est interdit de parler son dialecte, de revêtir un costume régional. Le port de l'uniforme abolit en apparence les différences

CI-DESSUS ET PAGE DE DROITE : de petites tablettes en bois, sur lesquelles on écrit à la craie, remplacent pupitres et cahiers. Lhassa, Tibet.

CI-CONTRE : deux frères en route pour l'école coranique de la grande mosquée Id Kar, accompagnés par leur grand-père. Kashgar, Xinjiang, Chine.

Cours de gymnastique devant le Potala, l'ancienne résidence des dalaï-lamas. Lhassa, Tibet.

d'origine, de classe et de condition sociale. Des habitudes et une loi uniques sont ainsi imposées aux dépens des traditions et des particularismes régionaux.

L'école moderne introduit une grave perturbation dans le déroulement immuable de la tradition, notamment quant au respect dû aux parents et aux anciens. L'école est un lieu de tensions, « provoquées par le passage entre deux modes de culture, structures tribales et structures occidentales[17] ».

La fonction de l'école est ambiguë. Elle est certes la voie vers la connaissance, la réalisation personnelle et l'intégration au monde moderne. Mais elle signifie également un arrachement à la famille, à la tradition, au monde clos du village, un départ

Défilé d'écoliers « pionniers ». Lhassa, Tibet.

vers l'inconnu. L'école apporte une éducation moderne aux enfants, mais en s'opposant à l'éducation traditionnelle par l'observation des usages du groupe, elle devient le lieu d'une perte sociale. L'école, conçue pour ouvrir les jeunes villageois vers le monde extérieur, celui des étrangers au groupe, est dirigée par des maîtres étrangers à ce groupe, venus de l'extérieur et qui inculquent d'autres notions que celles traditionnellement transmises par les anciens. L'école, gérée par l'État, est faite pour enlever les enfants à leurs parents, les éduquer d'une autre manière, en leur inculquant des savoirs occidentaux. Elle induit la séparation forcée d'avec la culture d'origine, ce qui conduit au reniement des traditions et des coutumes.

La joie des jeunes écoliers, âgés de quatre à dix ans, après une longue journée de labeur : brique par brique, ils construisent leur nouvelle école, guidés par leurs trois professeurs. Kalamulak, Altyn Tagh, Chine.

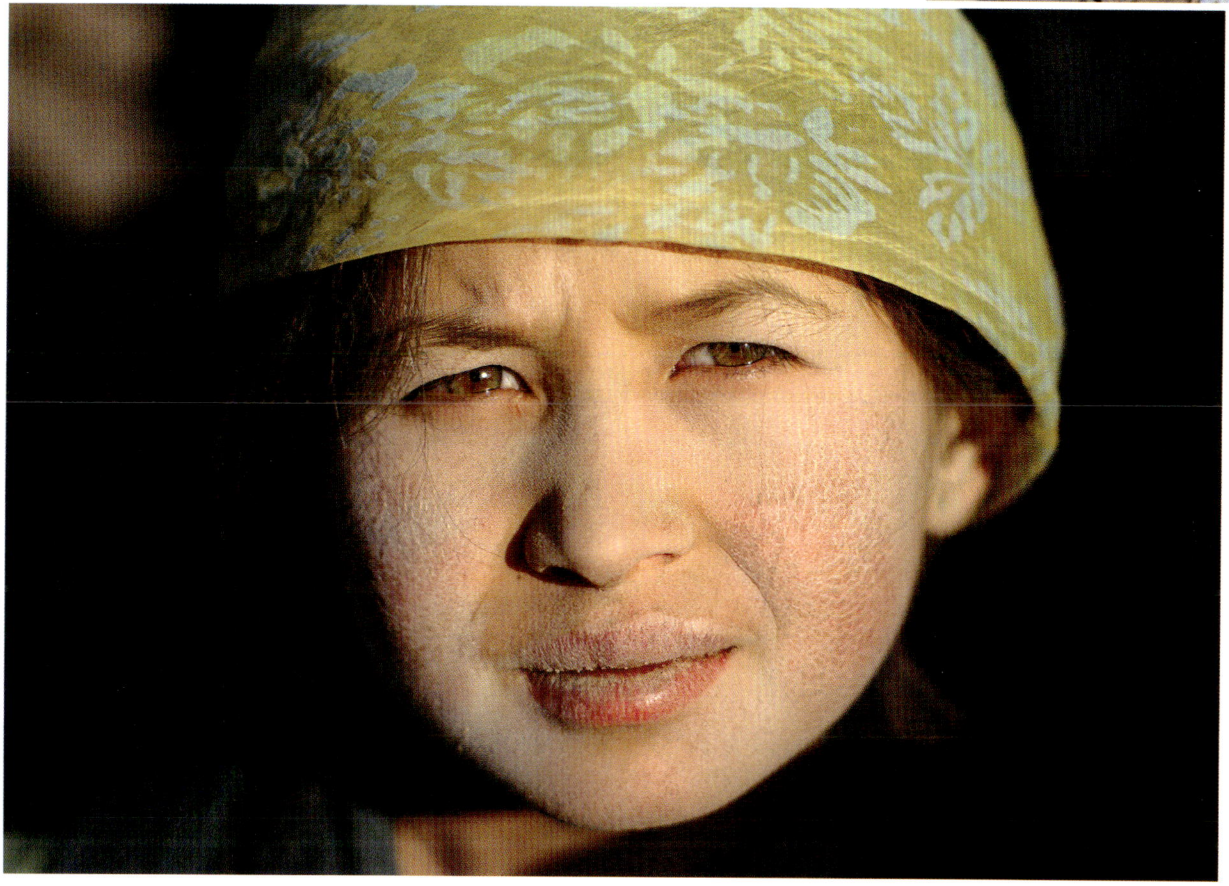

Les vents soufflent jusqu'à Pékin les minuscules particules de poussière, ou « farine glacée », du désert du Tarim. Cette « pluie » de loess, omniprésente au printemps et en été, dessèche et craquelle la peau des petits et des grands. Oasis de Kalamulak, Altyn Tagh, Chine.

L'enfant qui a étudié dans un lycée en ville, ne retournera pas vivre au village. Il n'apportera donc pas son aide à ses parents pour les travaux de l'agriculture. Même s'il le souhaitait, son nouveau statut le lui interdirait.
L'enfant éduqué quittera le village pour tenter de s'intégrer au mode de vie urbain, extérieur. Ce sera une perte pour l'ensemble de la communauté si, comme c'est le plus souvent le cas, il ne revient jamais pour rendre ce qu'on lui a donné. L'école peut créer des déclassés, des êtres hybrides, tiraillés entre la tradition et le monde nouveau des étrangers. Les pays communistes de l'Est avaient bien compris cette fonction de rupture inhérente à l'école. Les envoyés du gouvernement emmenaient de force les enfants des villageois et des nomades. En arrachant les enfants aux vieilles traditions, ils voulaient préparer l'avenir et ils espéraient créer un nouveau monde avec des mentalités neuves.

CI-DESSUS : les élèves saluent leur professeur. Tibet.

Dans l'extrême Ouest chinois, les enfants doivent étudier aussi bien leur langue natale que le chinois. CI-CONTRE : cette fillette apprend à écrire le ouïgour à l'aide d'un livre en caractères arabes. Xinjiang, Chine.

PAGE DE DROITE : quand les écoles sont rares, les enfants de tous âges étudient ensemble. Chiang Mai, Thaïlande.

CI-DESSUS : leçon d'arithmétique dans une classe à ciel ouvert, décorée par les portraits du roi et de la reine. Région de Chang Saen, Thaïlande.

À DROITE : moinillon étudiant les soûtras sur un manuscrit en tibétain. Les livres sacrés ne sont jamais reliés. Oulan-Bator, Mongolie.

Complicités

L'enfant choyé doit apprendre à devenir indépendant : le rôle de ses parents est de le préparer à les quitter, après lui avoir appris tout ce qu'il faut savoir dans la vie. L'enfant devenu doué de raison – à sept ans généralement – doit être arraché au cocon familial, afin d'élargir son horizon et de se préparer à ses futures responsabilités. Avant de se frotter à d'autres adultes, il pourra faire l'expérience d'une relative autonomie et mettre en pratique les règles sociales qu'on lui a inculquées dans ses rapports avec les camarades de son âge.

Le cours de l'enfance n'est fait que de ruptures. À chaque étape, il faut abandonner sa vie passée pour s'engager dans l'avenir qui s'ouvre devant soi. Chaque rite de passage conduit à l'âge adulte, en fournissant sa part des connaissances indispensables à un homme, à une femme, actifs dans leur société et respectés.

CI-DESSOUS : **papotages. Pujili, Équateur.**

À DROITE : **Jumelles de Suzhou. Jiangsu, Chine.**

CI-DESSUS : sœurs inséparables. Kham, Tibet.

CI-CONTRE : « Allons jouer dans ma yourte. » Kazakhes du Tian Shan, Chine.

Éclats de rire de fillettes kirghizes à la fête musulmane du printemps. Chacune porte une goutte de sang de mouton, à l'emplacement du troisième œil, en guise de porte-bonheur. Vallée de l'Oytak, massif du Pamir, Chine.

À GAUCHE : échange de secrets au pied du volcan Tungurahua. Équateur.

À DROITE : sœurs nomades se régalant avec des côtelettes et de la graisse de mouton, lors d'un pique-nique dans la steppe verdoyante. Été dans le centre de l'Arhangai, Mongolie.

Grandir dans les plantations de café. Province de Kefa, région d'origine du café, près du Soudan et du Kenya. Éthiopie du Sud-Ouest.

Les adolescents
Amhara expriment
leur affection en se
prenant par la main.
Haut plateau près
du Rift africain.

Africains des Andes : il y a plusieurs siècles, des populations d'origine africaine ont été installées près de l'équateur, dans des régions arides moins convoitées par les Espagnols. Vallée de Chota, Équateur.

Jouer

À GAUCHE :
siffler son air favori.
Bodh-Gaya, Inde.

À DROITE :
souffleur de bulles.
Xishuanbanna, Chine.

L'éducation à la vie en communauté se fait en partie par les jeux qui ne sont libres et spontanés qu'en apparence : de fait, les jeux sont partout une socialisation, un apprentissage en douceur des règles de la société et une initiation informelle aux activités économiques fondamentales.

Bambin taquinant un chiot sur l'aire de séchage du grain. Au sud de Simao, Chine.

Les jouets participent à l'éducation ; ils ne sont pas l'expression libre des garçonnets et des fillettes. Leur entourage les pousse à utiliser des jouets « éducatifs », qui les préparent à leurs rôles futurs. La petite fille cajole une poupée à l'image de ce qu'elle sera plus tard : habillée en dame, voilée s'il le faut, toujours discrète.
Aux garçons, on propose des jouets actifs, en mouvement, des jouets de plein air, à l'opposé de ceux qui préparent les filles aux activités à l'intérieur de la maison.
Très souvent, le jeu est en réalité une préparation aux activités de production de la famille : ainsi, dans les sociétés pauvres, les enfants doivent très tôt aider les adultes en participant à leurs travaux. Les poupées, notamment, habituent les enfants à se comporter comme leurs parents et la société attendent qu'ils se comportent.
La fête des Poupées, célébrée le 3 mars au Japon et dédiée aux petites filles, expose des poupées qui évoquent l'existence de la femme mariée, avec son vestiaire, son mobilier et ses accessoires de dînette. La fête qui est dédiée aux garçons, le 5 mai, leur rappelle leur destin de guerriers conquérants :

Un Kazakh et son chaton. Les animaux de compagnie sont un luxe dans les hautes vallées du massif de l'Altaï. Nord-Ouest de la Mongolie.

sont exposés des armes, des armures complètes en réduction, des casques, des épées en bois, des sabres et tout l'équipement du combattant, ainsi que des « carpes flottantes en tissu, fixées en haut d'un mât, symboles de vigueur et de longévité[2] ».
Les mères offrent des poupées à leurs petites filles, ou bien ces dernières les confectionnent elles-mêmes. Mais ces poupées ne sont pas que des innocents jeux d'enfants. Elles sont porteuses de sens. La poupée est un substitut de l'individu.
On rapporte que les anciennes divinités confectionnaient des simulacres d'humains, en argile ou en chiffons, et qu'en soufflant sur eux, elles leur insufflaient la vie. Elles transformaient ces effigies en êtres réels, vivants, comme Dieu a créé la femme en soufflant sur un os.

À GAUCHE : « Devine qui c'est ! » Bodnath, Népal.

CI-DESSUS : enfants Méo faisant des acrobaties sur un terrain de jeux rudimentaire. Plateau de Shan, Thaïlande.

En Afrique, les parents incitent les fillettes à se confectionner des poupées, pour les habituer à leur futur rôle : assurer la prospérité et la reproduction du groupe. Le jeu avec les poupées encourage donc la fécondité. « Les poupées sont traitées par les petites filles comme elles le feront des enfants nouveau-nés dont elles sont les substituts. Portées par les jeunes adolescentes, elles sont considérées comme des bébés. On a pour elles des attentions maternelles. Leurs « mères » les lavent, les dorlotent, les bercent, les font danser. Elles les soignent quand « elles sont malades ». Elles les nourrissent au sein. Et si la poupée « pleure », on la console. On lui donne un nom, ce qui est l'occasion d'une fête où les nourritures abondent, où l'on danse, où l'on chante, où l'on est joyeux[3]. » La fillette, habituée à jouer à la poupée, se verra volontiers confier la garde des nouveau-nés. « Les jeux imitent souvent l'activité des adultes : une fillette portera gravement dans son dos, tel un enfant, la poupée faite d'un épi de maïs ou d'un fragment de bambou entouré d'un chiffon[4]. » Notons au passage que la fillette qui joue à la poupée et le garçonnet qui joue à des jeux guerriers s'affranchissent ainsi de la domination qu'exercent sur eux leurs parents. Dans son jeu, c'est l'enfant qui commande, souvent avec excès et cruauté[5].

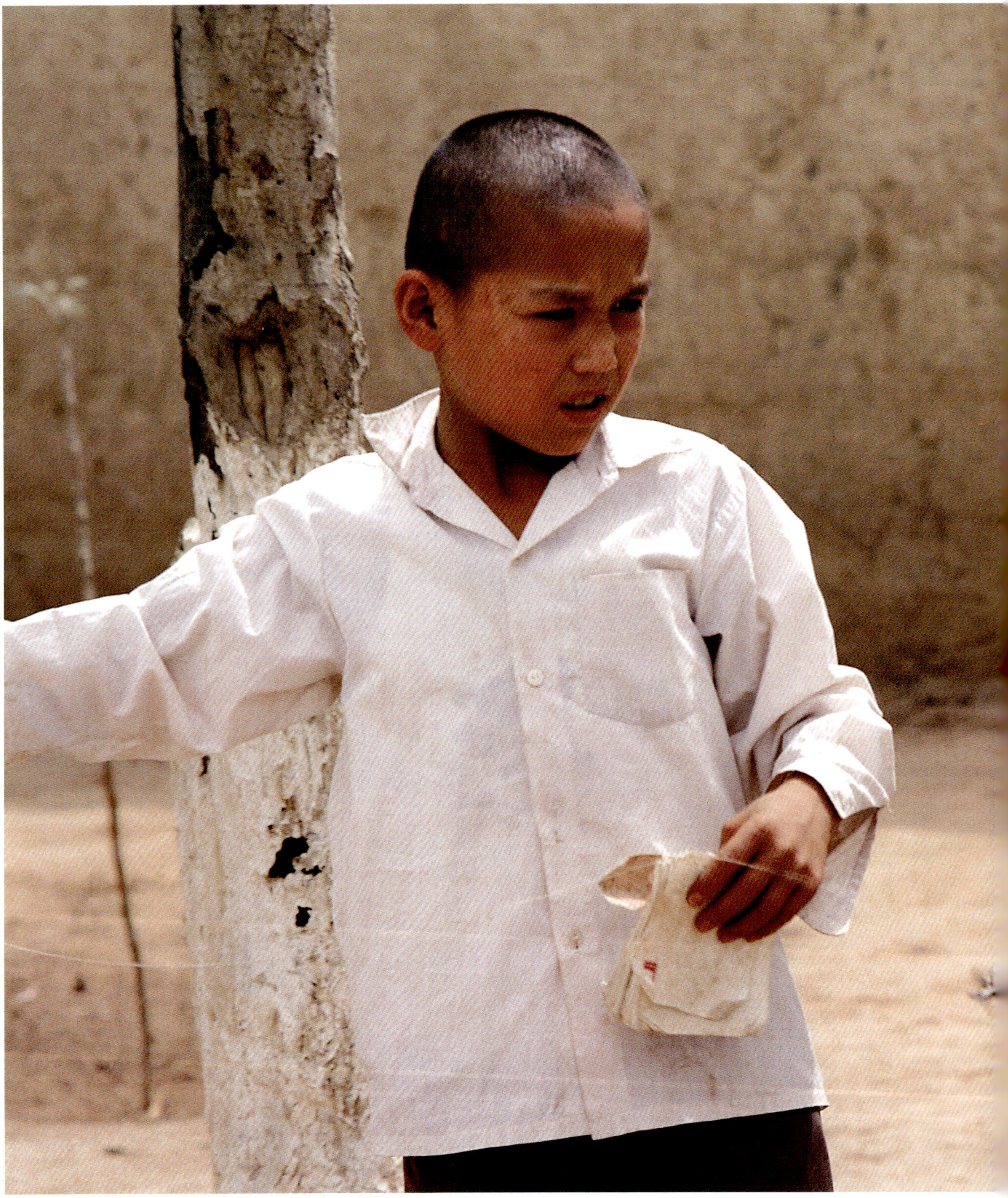

À GAUCHE : « l'insecte volant ». Les enfants de « l'Ouest lointain », qui n'ont pas de modèles réduits d'avion, les remplacent par des jeux astucieux. Chine.

CI-DESSUS : poursuite sur une échelle. Vieille ville de Kashgar, Xinjiang, Chine.

CI-DESSUS : partie de dominos dans la vallée des Raisins. Xinjiang, Chine.

À DROITE : lutte amicale de garçons mongols. Désert de Gobi, Chine.

Deux toupies
qui tournoient. Kuqa,
à l'orée du désert
du Taklamakan, Chine.

Asperger les passants n'est pas une mauvaise plaisanterie. Chez les Dai du Xishuanbanna, cela porte bonheur. Fête de l'eau dans le Sud de la Chine.

CI-DESSUS : acrobaties dans les dunes du désert du Tarim. Chine.

CI-DESSUS : « Encore un effort ! » Guilin, province du Guangxi, Chine.

À GAUCHE : emportées par la grande roue, à la Foire aux dromadaires. Rajasthan, Inde.

CI-DESSUS : échange de parures de pacotille, le jour de la grande course de bateaux sur le Mékong. Chine.

En équilibre sur
un palmier incliné.
Merca, Somalie.

Le baiser du dromadaire. Mont Sinaï, Égypte.

En Inde, les poupées préparent aussi au culte des divinités: «Si le jeu de l'enfant avec sa poupée reproduit habituellement des scènes de la vie adulte, certains aspects du rite des adultes, curieusement apparenté à un jeu, mais régulier et ordonné, offrent un modèle immédiat pour les enfants. Ainsi, la statuette de la divinité est considérée comme une personne vivante, et fait l'objet de nombreux soins: le prêtre dans un temple (ou la maîtresse de maison devant l'autel domestique) la réveille, la baigne, l'habille, la pare, la fleurit, lui offre de la nourriture, la berce, la promène, la réjouit avec des chants, la couche. Le dieu est vêtu comme une poupée, sans oublier des exigences immédiates de confort: durant l'hiver, on habille chaudement l'enfant Krishna de petits vêtements de laine.
Et à la maison, une femme utilise pour le culte des ustensiles miniatures identiques aux éléments de dînette dont se sert sa fille. D'un autre côté, donc, pour les fillettes (dès l'âge de cinq à dix ans) et les jeunes filles, le jeu et le culte – ou un apprentissage du culte – se retrouvent mêlés lors de certaines fêtes qui leur sont réservées et durant lesquelles elles doivent fabriquer des poupées[1].»

Le jeu peut aussi être un préambule à l'amour. Garçons et filles sont en effet destinés à s'aimer, à s'épouser, à fonder des familles. Dans les villages, les jeunes gens ont bien des occasions de se rencontrer, lors des visites entre familles, lors des cérémonies, des fêtes et des danses (des bals, en Europe). En Afrique, les bandes de jeunes garçons fréquentent les groupes de jeunes filles ; en Asie du Sud-Est, les uns et les autres peuvent se côtoyer dans les « maisons des célibataires ».
Chez les Kirghizes nomades d'Asie centrale, les rencontres sont placées sous le signe de la poésie et du jeu : « Les jeunes gens chantent des chansons, presque toujours improvisées. Ils se partagent en deux chœurs, l'un de femmes, l'autre d'hommes.

Jeux du Naadam, la fête nationale mongole. Seuls les enfants âgés de cinq à douze ans peuvent participer à cette course de chevaux, qui est la plus importante de l'année. Les adultes seraient trop lourds pour une chevauchée de 20 à 30 kilomètres à travers la steppe. Uverhangai Aimag, Mongolie.

Le chœur des femmes célèbre d'ordinaire les vertus et les attraits de leur sexe, et fait entendre des plaintes contre les hommes ; ceux-ci tâchent de se justifier, font leur propre éloge et chantent les douceurs de l'amour. On se lance de part et d'autre des mots piquants, et l'on entend des reparties spirituelles que les spectateurs relèvent aussitôt. Quelquefois, les chanteurs se réunissent par couples et chantent tous ensemble ou à deux voix[6].» Un des jeux favoris de l'hiver, dans les campements, réunit jeunes garçons et jeunes filles assis en cercle. Un petit os de mouton passe de main en main : «Un des joueurs prit l'os entre ses dents, et chaque jeune fille approcha pour essayer de le prendre aussi avec les dents. Les plus agiles s'en tiraient assez adroitement. Celles qui manquaient

Jour de moisson : envol de cerf-volant près de Gyantze. Tibet.

leur coup devaient embrasser le jeune garçon. » Les courses rituelles de chevaux donnent l'occasion aux garçons de prouver leur adresse et d'attirer l'attention des filles. Les cavaliers tentent de couper le chemin du cheval monté par leur favorite et de toucher son sein : « Les beautés kirghizes ne laissent prendre cette liberté qu'à ceux qui ont obtenu leurs bonnes grâces. Elles évitent l'attouchement d'une main qui leur déplaît, grâce à leur souplesse, la légèreté avec laquelle elles savent se détourner et, au besoin, par des coups de fouet dont elles proportionnent la force au degré de répugnance que leur inspire l'homme qui les poursuit. Il leur est facile de tenir par ce moyen les cavaliers à une distance respectueuse, d'autant plus que nul ne songe à trouver mauvais qu'elles laissent des marques de colère sur le visage d'un galant trop empressé[7]. » Au Laos, se perpétue la tradition des « cours d'amour » : garçons et filles, en lignes opposées, se défient par chants et poèmes alternés, accompagnés par la musique de l'orgue à bouche. Les garçons peuvent également faire connaître leur flamme en lançant à l'élue de leur cœur une balle. Ce jeu, qu'accompagnent de réparties amoureuses, mime en fait la course du Soleil autour de la Terre.

CI-DESSUS : moinillon lançant son cerf-volant au gré du vent. En surplomb de la vallée de Katmandou. Népal.

CI-DESSUS : glissade sur la rivière Khovd gelée, au printemps. Nord-Ouest de la Mongolie.

À DROITE : Kazakh enseignant à son fils l'art de la chasse à l'aigle. Massif de l'Altaï, Mongolie.

CI-DESSUS : amis Yao
jouant au cerceau.
Nord de la Thaïlande.

À GAUCHE : un garçonnet
Yao s'amuse avec son
chiot. Contrairement
à leurs voisins,
les Yao ne mangent
jamais de chien.
Nord de la Thaïlande.

À DROITE : « Celui qui
grimpera le plus haut,
sera le vainqueur. »
Enfants Méo en Thaïlande,
près du Laos.

À GAUCHE : les enfants s'ébattent dans un étang pour se rafraîchir, alors que règne la chaleur moite (40 °C) précédant la mousson. Près des *stûpas* de Mingoun, Birmanie.

CI-DESSUS : en Birmanie, les jeunes filles se baignent tout habillées, enveloppées dans leur *sarong*. Lac Taungthamen.

CI-DESSUS : les Inthas sont des bateliers habiles. En équilibre à l'arrière de leur frêle embarcation, ils se propulsent avec une jambe passée autour de la rame. Lac Inle, Birmanie.

À DROITE : une course de pirogues réservée aux filles, à l'occasion de la fête du « carême » bouddhique. Lac Inle, Birmanie.

L'apprentissage

À GAUCHE : les enfants Méo ont peu de temps pour jouer. Dès qu'elles sont en âge de marcher, elles travaillent dur pour aider leurs parents à cultiver les champs sur brûlis, à flanc de montagne. Nord de la Thaïlande.

À DROITE : gouttes de sueur perlant sur la visage d'une fillette Méo. Thaïlande.

On pardonne tout aux jeunes enfants car ils sont considérés comme incultes, c'est-à-dire pas encore façonnés par la culture. La série des apprentissages transformera l'enfant non dégrossi en un être social, ayant intégré les usages et les valeurs de sa communauté. « Le fils doit suivre la trace de son père », dit le dicton africain. L'enfant grandit entouré d'adultes qu'il observe. C'est par imitation qu'il apprendra.

Enfant recousant un sac de grains déchiré. Aksoum, région de Tigré, Éthiopie.

Tisserande Otovalo, âgée de neuf ans, travaillant sur le métier familial. Les doigts fins des enfants sont particulièrement adroits pour réaliser les minuscules nœuds des ponchos. Peguche, Équateur.

Dans les sociétés pré-modernes, l'enfant perd progressivement ses privilèges de petit être neutre et indifférencié. Il doit peu à peu accepter le rôle imputé à son sexe : future mère et ménagère pour la fille ; pourvoyeur de la nourriture pour le garçon.
En Afrique, « l'enseignement est souvent donné à la fille, non par ses "mères", mais par une amie un peu plus âgée. Vers douze ou treize ans, elle est capable de préparer toutes les nourritures habituelles. La tenue du ménage demande encore la connaissance des règles de l'hospitalité et des droits des différents parents et alliés. À partir de sept ou huit ans, [...] le garçon est envoyé aux champs après les semailles pour effrayer les oiseaux pillards ; la fille est souvent chargée du soin d'un enfant plus jeune[1]. »
Chez les Aztèques, l'éducation du garçon âgé de trois à quinze ans, « était confiée à son père, celle de la fillette à sa mère. Éducation pratique et très sévère : les châtiments pleuvent sur le paresseux, que ses parents égratignent avec des épines d'agave ou obligent à respirer la fumée âcre d'un feu où brûlent des piments. Les éducateurs mexicains semblent avoir été des adeptes de la manière forte[2] ».

CI-DESSUS : petite nonne bouddhiste sous l'ombrelle traditionnelle en papier huilé. Amarapura, Birmanie.

CI-CONTRE : première prosternation. Famille Golok en pèlerinage au monastère de Kum-Bum, le berceau du bouddhisme tibétain. Qinghai, Chine.

PAGE DE DROITE : le père indique le 14e dalai-lama lors du rite d'initiation du Kalachakra. Gandan, Oulan-Bator, Mongolie.

Jeunes moines accomplissant les rites, récitant les prières ou faisant la sieste, durant l'enseignement et l'initiation du Kalachakra. Bodh-Gaya, la « Mecque » du boudddhisme, Inde.

Dans la société européenne également, « l'éducation destinée aux adolescents était jadis parfaitement sexuée et elle obéissait, selon le sexe, à des finalités différentes. Les mères avaient la responsabilité exclusive de l'éducation de leurs filles : leur apprendre d'abord à être filles, puis les préparer au mariage. La constitution du trousseau matérialise et symbolise ce lien entre mère et fille, souligne le contenu culturel et affectif de cette relation dont le but est de mieux assurer l'éloignement de la fille de la maison familiale. La fille était préparée à assumer son rôle « naturel » d'épouse, de mère et de gardienne du foyer. Par contre, le garçon était préparé pour assurer la survie matérielle de la famille et surtout pour jouer le rôle du maître de sa femme et de ses enfants. En général, on prépare les garçons à être supérieurs aux femmes par la force corporelle et le courage, tandis que l'on cultive chez les filles la faculté de se soumettre à l'inclination de l'homme pour elles. Modestie, douceur, retenue des gestes, des paroles et des mouvements sont des qualités pour les filles[5] ».

En Asie centrale, les enfants sont chargés par leurs parents d'apporter au marché melons, raisin, poulets, chèvres ou moutons, sur des charrettes tirées par des ânes. Nord de la route de la soie, Chine.

CI-DESSUS : quincaillerie sur roulettes. Garçon ouïgour veillant sur le négoce familial. Marché du dimanche à Turfan, Chine.

À DROITE : jeune fille se reposant sur des balles de coton qui seront vendues au marché. Kuqa, à l'orée du désert du Tarim, Chine.

L'enfant peut prendre plaisir à imiter l'adulte. Il se sent valorisé quand il se sait utile, quand il parvient à accomplir certaines activités comme les grands : l'apprentissage consiste à l'amener peu à peu à exécuter volontairement les tâches des adultes. En Europe de l'Est, les petites filles apprennent à partir de six ans à manier la quenouille. Elles observent leurs grands-mères qui filent la laine, leur préparent des touffes de poil, ramassent la quenouille qui est tombée à terre… À la maison, les grands-parents s'occupent des enfants, leur enseignent ce qu'il faut savoir de la vie, comment se comporter ; ils leur apprennent à reconnaître les plantes, à faire sécher les baies. « Mon professeur, c'était ma grand-mère », raconte une femme biélorusse[4].

En Europe, l'apprentissage est souvent guidé par les grands-parents ; en Afrique, ce sont plutôt les oncles qui jouent ce rôle, car les parents travaillent aux champs et rentrent fatigués le soir. L'éducation informelle se transmet également hors des travaux de la journée. Lors des fêtes et des veillées, on raconte l'histoire des clans et des générations, les mythes expliquant l'origine de l'homme et celle de chaque groupe que l'enfant aura à côtoyer.

CI-DESSUS : nomades kazakhes rapportant des branchages pour allumer le feu à la halte du soir. Transhumance d'automne, Kayirti, massif de l'Altaï, Chine.

À GAUCHE : deux garçons portant sur leur dos de lourds paniers emplis à ras bord de bouse de yak. Sur ces hauts plateaux (au-dessus de 4 000 mètres d'altitude), aucun arbre ne pousse et la bouse de yak est le seul combustible. Tibet.

Chercheurs de gemmes : jeunes Kazakhs cassant des pierres de la montagne pour en extraire des aigues-marines qu'ils pourront échanger au marché contre des articles de première nécessité, voire un chameau de Bactriane. Irtych noir, Chine.

Jeune gardien
de chameaux
de Bactriane.
Gobi-Altaï Aimag,
Mongolie.

L'heure de la traite : berger mongol faisant un nœud à une solide corde en poils de chameau, pour museler la chamelle qu'il va traire. Désert de Gobi, Mongolie.

CI-DESSUS : jeune cavalière dessellant son cheval, au campement du soir. Les Khampa sont le peuple du Tibet qui utilise le plus les chevaux. Près de Yushu, région du Kham, Tibet.

À DROITE : emportée par le vent. Adolescente mongole montant à cru dans la steppe. Au-delà de Tsetserleg, Mongolie.

Courant dans le vent froid et la poussière, une bergère Puruhua presse son troupeau vers la bergerie, avant la tombée du jour. Province de Chimborazo, Équateur.

La jeunesse est également le temps de l'apprentissage des mille subtilités des rituels, de leurs exigences, des conditions qui en feront des actes efficaces. Il faut mémoriser les détails des cultes, les obligations vis-à-vis des dieux, en connaître la liste, les habitudes et les attributs.

Qu'ils enseignent des règles réalistes et moralisatrices pour la vie quotidienne, ou bien qu'ils rappellent le souvenir des temps passés répété de génération en génération, les récits des anciens, lors des fêtes et veillées, jouent un rôle fondamental de socialisation et d'intégration au groupe. Les adultes émerveillent les enfants avec leurs récits. L'enfant, insensiblement, discerne les mystères du monde qui l'entoure et acquiert le sentiment d'appartenir

Dans les Andes, le travail des enfants n'est pas un jeu. Tous participent à la garde du troupeau. Province de Chimborazo, Équateur.

à ce monde de l'éternité. Il est resitué dans un temps à la fois mythique et historique, où chacun a sa place – hommes, dieux, animaux, fées et autres créatures du paradis –, un monde qui n'est pas toujours celui de la Terre, avec son ordre et ses explications, un monde où l'étrange est normal, où l'inhabituel est la règle, où les dieux et la nature peuvent aider l'homme ou, au contraire, accumuler les obstacles devant lui.

Dès qu'ils le peuvent et qu'ils ont rempli leurs obligations vis-à-vis de leur père et de leur mère, les jeunes garçons peuls s'échappent du groupe des adultes pour se retrouver dans des « bandes » de jeunes du même âge, vagabondant, chassant, cueillant, pêchant et trouvant ainsi les compléments alimentaires dont ils ont besoin.

À GAUCHE : berger ouïgour portant dans ses bras une frêle brebis. Oasis de Turfan, Xinjiang, Chine.

CI-DESSUS : fillette kazakhe chérissant comme un trésor l'agneau qui vient de naître. Bayan-Olgey Aimag, Mongolie.

Les fillettes, de leur côté, créent également des associations par classe d'âge, se retrouvant entre elles dès que leurs mères le permettent. Parfois, les groupes de garçons et de filles se réunissent le soir « pour bavarder, chanter ou danser au clair de lune ». La coutume permettait « une sorte de mariage symbolique », qui réunissait garçons et filles pour les jeux du soir[5]. La vie des adolescents est également rythmée par une succession d'initiations de plus en plus difficiles et parfois douloureuses. Elles leur donnent la fierté d'avoir franchi les étapes, forgent leur caractère en leur proposant des épreuves et renforcent le sentiment de l'appartenance à un groupe donné. Ce qui était imposé, l'observation des règles du groupe, devient un choix. Ces initiations peuvent présenter un caractère violent. Dès lors, l'enfant ne subit plus passivement les rites que les adultes pratiquent à son sujet. Il ne se contente plus d'assister aux passages qu'on lui fait franchir. Il est confronté avec la peur et la douleur. Les adultes se sont saisis de lui et vont le projeter violemment dans le rite qui le fera passer d'un stade à l'autre.

CI-DESSUS : réunion de bergers appuyés sur leurs cannes, au sommet d'un plateau balayé par le vent. Monts Simien, Éthiopie.

À DROITE : berger Amhara fier comme un prince. Tissisat, aux sources du Nil Bleu. Éthiopie.

A GAUCHE : retour à l'époque biblique. Bergère Amhara. Lalibela, Éthiopie.

CI-DESSUS : berger aux pieds nus avec son troupeau. Il fait avancer ses moutons à l'aide d'une branche d'eucalyptus, arbre australien qui a colonisé le plateau éthiopien. Près de Debarek, monts Simien, Éthiopie.

L'adolescent devra surmonter les épreuves sans fléchir, sans pleurer, sans montrer son désarroi. À l'issue du rite, il aura montré qu'il est un homme ; il sera admis dans la société des adultes et en acquerra progressivement tous les droits.

L'initiation des garçons est un événement capital dans les sociétés traditionnelles, où l'individu n'existe que par rapport au groupe. Où son rôle n'est pas de mener une existence personnelle, mais de s'intégrer à la vie de la communauté et d'en perpétuer les rites. Les adolescents, regroupés par classes d'âge, participeront ensemble aux mêmes épreuves violentes. Réunis dans l'effort et la douleur, ils apprendront les mêmes choses au même moment : les secrets de la vie et des dieux, ceux que l'on ne révèle qu'aux initiés, qui seuls sont capables de les comprendre, et au moment où ils en sont capables. L'initiation ne se fait plus simplement par un effort de réflexion intellectuelle, mais aussi par un effort physique qui transformera l'adolescent et le laissera mûri, prêt à recevoir de nouvelles responsabilités et à assurer des obligations nouvelles. L'effort, la douleur de l'initiation peuvent être extrêmes dans certaines sociétés, des Indiens d'Amérique du Nord aux Papous de Nouvelle-Guinée. Les Apaches disent que «dresser un garçon, c'est dresser un poulain». «Ils les obligent à creuser des trous dans la glace pour se baigner, à courir avec de l'eau dans la bouche; on les humilie pendant leurs exercices de petite guerre et on les brutalise[6].» Dans l'Afrique non islamisée, les garçons doivent réaliser une série d'expériences initiatiques pour acquérir le statut de jeunes hommes. À l'issue souvent de trois cycles de sept ans, ils pourront se marier et intégrer les sociétés d'hommes de leur communauté. Une retraite d'initiation dans la forêt, «véritable naissance sociale», marque le passage au statut d'adulte, avec toutes les responsabilités que comporte ce nouvel état. «L'épreuve est toujours marquée par des mutilations corporelles: pour les garçons, circoncision ou scarifications; excision pour les filles. La durée de la retraite varie de quelques semaines à plusieurs mois, jadis plusieurs années.[7]» Chez les Kissi de Guinée, comme l'a observé Denise Paulme, les filles, durant les mois qui précèdent leur retraite d'initiation, ne sont soucieuses que «de toilettes et d'intrigues amoureuses». «C'est leur période de liberté sexuelle, dont elles profitent largement, traitant sans pitié le fiancé agréé, qui doit alors supporter patiemment l'humeur instable de sa future femme.»

CI-DESSUS : de retour des champs avec un sac de grains, ce garçonnet Oromo se dirige vers son *tulku* (hutte). Monts Bale, Éthiopie.

CI-CONTRE : récolte du *teff*, céréale des hauts plateaux qui sert à confectionner l'*injira*, crêpe molle éthiopienne. Modjo.

Timide Amhara qui réunit en fagots les morceaux de bois sciés par ses frères aînés. Rift africain, Éthiopie.

CI-DESSUS : les Puruhua, descendantes des Incas du royaume Tahuantinsuyo, récoltent comme jadis le blé à 4 000 mètres d'altitude, certaines avec leur bébé sur le dos. Province de Chimborazo, Équateur.

À DROITE : pause pendant les semailles. Enfant Cañari. Équateur.

À GAUCHE : fillette ouïgoure dans un champs de blé ondoyant entre les rideaux de peupliers courbés par le vent. Au pied du Tian Shan (« monts Célestes »), Chine.

CI-DESSUS : jeune berger Puruhua sur une pente volcanique. Équateur.

À DROITE : fillette Dai transportant de lourds seaux d'eau à l'aide d'une palanche en bambou. Vallée du Mékong, Sud de la Chine.

CI-DESSOUS : récolte des lotus à l'automne. Les Sani raffolent des racines de lotus. Yunnan, Chine.

Durant leur retraite en forêt, elles reçoivent un enseignement censé leur permettre de tenir leur intérieur – connaissances pratiques qu'en fait elles ont déjà. « Plus tard, dans leurs souvenirs, la retraite évoquera une période heureuse de vacances ; les femmes retrouveront, aux jours de fête, quelques bribes de chansons apprises alors[8]. »

Dans la plupart des sociétés africaines, la fille de quatorze ans « est censée avoir acquis suffisamment de savoirs pour son statut de future femme et d'éventuelle mère. Alors, elle se mariera et fera des enfants à son tour[3] ».

Les tatouages sont un autre signe d'intégration. Sur la peau sont gravés des motifs magiques qui vont protéger l'individu, ainsi marqué à vie comme membre d'une société bien déterminée, immédiatement identifiable. Le tatouage prouve que l'on a bien résisté à la douleur et ouvre la porte d'un nouveau monde.

Rouler les filets après la pêche. Kerala, mer d'Arabie, Inde du Sud.

L'initiation, pour les garçons comme pour les filles, marque la fin de l'insouciance de l'enfance et l'entrée dans un monde fait de devoirs – et de soumission, pour les femmes.
Faire partie d'un groupe rassure sur soi-même et sur sa capacité à affronter les difficultés. La douleur partagée soude les membres d'un groupe et donne plus de valeur à leur intégration, puisque celle-ci n'a pas été facile.
En Occident, les jeunes gens ne reçoivent plus d'initiation douloureuse. L'enfance doit y couler comme un fleuve tranquille, sans entraves. Plus de ruptures, de passages, d'étapes. Plus de contrariétés. Tout souci est banni, tout est admis. Tout est fait pour éviter aux plus jeunes les épreuves de la vie. Même le service militaire, rite d'initiation et d'intégration à la société pour les garçons, est supprimé.

Mettre les filets de pêche à sécher. Côte de l'Orissa, golfe du Bengale, Inde.

Les jeunes veulent désespérément être comme les autres. Vêtements, modes de consommation alimentaire, loisirs sont les mêmes pour tous, et bientôt d'un bout à l'autre de la planète. Les sorties en groupe et les bandes expriment un besoin de socialisation, mais cette fois entre jeunes gens de la même classe d'âge, hors la présence, du contrôle des adultes, mais également sans leur aide ou leur bienveillante attention. Un court moment, les jeunes se rebellent, avant de finir par s'intégrer, car ils n'ont pas d'autre choix. Seuls quelques irréductibles s'obstinent à vouloir s'affirmer en se différenciant, alors que dans les sociétés traditionnelles il s'agit de s'intégrer en devenant identique aux autres. Scarifications, mutilations, «piercing», épreuves diverses expriment aussi le besoin de s'affirmer en prouvant sa capacité à surmonter la douleur.

À GAUCHE : aller chercher l'eau aux puits du désert est la tâche quotidienne des mères et de leurs filles. Shekawati, Inde.

Ci-dessus : sous le soleil brûlant, femmes et enfants rapportent du désert, en équilibre sur leurs têtes, cailloux et sable pour fabriquer du mortier. Rajasthan, Inde.

CI-DESSUS : les filles Lisu entreprennent leur longue marche pour rejoindre les champs dans les montagnes. La culture sur brûlis appauvrit les sols en trois ans, repoussant les champs de plus en plus loin des villages. Nord de la Thaïlande.

À DROITE : adolescente Lisu en tenue traditionnelle faisant sa lessive à la pompe à eau. Au nord de Chiang Rai, Thaïlande.

Portraits de familles

À GAUCHE : musique et bonne humeur sur le « Toit du monde ». La famille partage la viande séchée de yak, la *tsampa* (farine d'orge, thé et beurre rance mêlés) et le *chang* maison (bière fermentée d'orge). Près de Tacchukha, Tibet.

À DROITE : sœur et frère. L'air sec et le soleil tropical rougissent les joues. Lhassa, Tibet.

Dans les sociétés traditionnelles, on procrée pour répondre aux désirs de la société, pour la perpétuer et la renforcer, mais également pour se procurer des aides dans les travaux ménagers ou agricoles, et se forger une assurance pour ses vieux jours : les enfants devenus grands prendront soin de leurs parents devenus vieux. À leur mort, les enfants organiseront leurs obsèques selon les règles, afin que leurs âmes quittent ce monde satisfaites, et ne reviennent pas tourmenter les vivants qui les auraient négligées.

En « fondant une famille », selon l'expression consacrée, le jeune adulte achève sa structuration en reproduisant le modèle fourni par ses parents. Le fils égale enfin son père en devenant, à son tour, chargé de famille, « chef de famille ». Le jeune homme s'affirme en jouant le rôle que l'on attend de lui. Il se fait plaisir et il fait plaisir à ses parents, à ses oncles.

Dans notre monde occidental, les couples font des enfants pour eux-mêmes, pour la joie et la satisfaction de fonder une famille. L'enfant assure la légitimité de la place des parents, il leur donne une position sociale respectable. « Faire un bébé », dit-on aujourd'hui ; pourtant, on ne « fait » pas un bebé, mais on crée un enfant qui deviendra un adulte. L'adulte espère, consciemment ou inconsciemment, que l'enfant saura faire ce que lui-même n'aura pu réaliser durant sa propre jeunesse.« En Afrique traditionnelle, l'individu est inséparable de sa lignée qui continue de vivre à travers lui et dont il n'est que le prolongement[1]. »

CI-DESSUS : petite fille aux boucles d'oreilles scintillantes. La richesse de la famille se transmet de génération en génération sous forme de bijoux. Gujerat, Inde.

CI-CONTRE : ombre de l'après-midi dans le désert. Trois sœurs jouent avec leur chien dans le quartier d'habitation réservé aux femmes. Près de Bhuj, Inde.

Portrait de famille. Au pied de l'Anye Machin, le plus haut sommet du massif de Kunlun. Tibet oriental.

Famille de bergers s'en retournant auprès du *taita* (« père ») Chimborazo, point culminant des Andes équatoriennes. Crépuscule, « vallée des Volcans », Équateur.

Les grands aident
les petits à descendre
les marches raides.
Monastère de
Tashilumpo, ancienne
résidence des panchen-
lamas, Xigaze, Tibet.

À GAUCHE : mère Salasaca et ses deux fils. Fête de la Saint-Jean, Équateur.

CI-DESSUS : menus achats en famille. Saraguro, Sierra du Sud, Équateur.

C'est pourquoi il est si important pour un père d'avoir un fils, et si son épouse ne lui en donne pas, il en prendra une seconde. « Le mariage ne correspond pas seulement à l'apparition d'un foyer nouveau dans le village ; c'est aussi l'unique moyen pour le lignage de se perpétuer. Seule l'union officielle permettra d'engendrer des enfants ayant un statut légitime, qui pourront nourrir les parents trop âgés, leur assurer des funérailles décentes et les honorer après leur mort ; ces enfants donneront eux-mêmes naissance à des petits-enfants, dont le premier recevra le nom du grand-père, ainsi prolongé par-delà la tombe et assuré de survie[2]. »

En Afrique, le père exerce une autorité en principe sans limites. Les enfants doivent à leur père l'obéissance et le respect. Ils sont tenus de travailler pour lui, de le soutenir dans tout conflit, même contre leur mère. Entre grands-parents et petits-enfants, les rapports sont faits d'intimité et de confiance, tempérés par le respect dû à toutes les personnes âgées.

Grandir dans la maison du chef. Salasaca, les Andes, Équateur.

Le giron maternel

« La mère a droit à l'obéissance et au respect de ses enfants, mais la base des rapports demeure ici tout affective. Passé la première enfance, la mère reste la source de tout confort matériel, le symbole de l'absolue sécurité, en même temps que la ménagère qui apaisera la faim de son enfant. En grandissant, le fils échappe au contrôle maternel ; la fille demeure plus longtemps aux côtés de sa mère, avec qui elle peut s'identifier, qu'elle s'efforcera d'imiter. La mère âgée a droit, en retour, d'être entretenue par ses fils capables de travailler[3]. »

Dans l'île mélanésienne de Trobriand, « le totem, le nom, les biens se transmettent aux enfants en ligne maternelle. C'est à un frère de la mère qu'incombent les droits et les devoirs de la paternité, bien qu'il vive en dehors de la famille. C'est lui qui nourrit sa sœur

Mère Salasaca et ses enfants dans les herbes hautes. Elle porte un poncho noir, couleur de deuil, en hommage à Atahualpa, le dernier empereur inca. Solstice d'été, Sierra du Nord, Équateur.

et veille à l'éducation des enfants. Chaque enfant se trouve ainsi avoir deux pères : le vrai, qui vit auprès de lui et qui est aimé sans être craint, et l'oncle maternel, qui vit au-dehors mais qui, exerçant l'autorité d'un père, est conçu comme tel et est redouté[4] ».
Au Cambodge, « l'époux idéal doit considérer sa femme comme son égale, il ne doit ni la mépriser ni la maltraiter ; il doit lui être fidèle et lui laisser toute autorité dans la conduite de la maison. De son côté, la femme doit être fidèle à son mari, serviable envers sa belle-famille ; c'est elle qui doit faire fructifier les biens du ménage, et d'habitude, lorsque son mari gagne un peu d'argent, il le lui confie. Elle est maîtresse dans sa maison, mais c'est avant tout pour veiller au bien-être de ceux qui y demeurent. Aussi doit-elle être la dernière couchée pour vérifier que tout est en ordre[5] ».

À GAUCHE : Indiens descendus des montagnes pour se rendre au marché dominical. Riobamba, Équateur.

CI-DESSUS : même les enfants goûtent la bière de cactus (*chicha*) à la fête de la Saint-Jean. Zuleta, près du volcan Imbabura, Équateur.

CI-DESSUS : le petit frère. Turkestan chinois.

À DROITE : déjeuner rapide. Kebabs épicés (brochettes de viande et de gras de mouton), servis sur des galettes de pain sortant du four. Ce restaurant en plein air est la version ouïgoure du fast-food. Mausolée d'Abakh Hodja. Xinjiang, Chine.

Régal du petit matin : choisir des « bagels » avec grand-père, à la première heure. Vieille ville de Kashgar, Extrême Ouest de la Chine.

Au Maghreb comme en Afrique noire, le nouveau-né appartient exclusivement à sa mère jusqu'à la naissance d'un autre enfant. Ce n'est que lorsqu'il aura atteint sa septième année qu'il sera repris par son père et les frères de celui-ci. Inversement, on peut dire comme Germaine Tillion que, « dans le Maghreb, la mère appartient au dernier-né : il dispose d'elle en maître souverain, exclusif, incontesté, de jour comme de nuit. Si les mères algériennes se font un devoir de battre leurs filles, pour les habituer à la soumission, elles ne contrarient jamais leurs fils[6] ».
La naissance d'un frère ou d'une sœur fait perdre à l'aîné la disponibilité totale de sa mère. Il peut en résulter de graves frustrations et jalousies. En contrepartie, le frère aîné exigera de ses cadets distance et respect. Il sera le premier à veiller avec rigueur sur la vertu de sa jeune sœur.

Confectionneurs de beignets ouïgours. Aksu, oasis du Nord de la route de la soie, Chine.

L'autorité paternelle

Au Maghreb, les relations d'un garçon avec son père et avec l'aîné de ses frères sont « distantes, respectueuses et gênées[7] ». À ses aînés, l'enfant doit obéissance et respect. Il doit garder envers eux une attitude de réserve. Il ne confie jamais ses sentiments intimes, ses doutes, ses regrets et ses révoltes à son père ou à ses frères aînés, mais seulement à sa mère.

En Chine, « la famille reste la base de l'organisation. Jadis, le père était le maître absolu : quel que soit leur âge, aucune émancipation ne libérait les fils de l'obéissance qu'ils lui devaient[8] ».

La jeune épousée chinoise était soumise à la fois à son mari et à la mère de celui-ci : « J'ai accompli avec soin tous les devoirs d'une belle-fille soumise. Tous les matins, j'ai respectueusement attendu le réveil de ma belle-mère pour lui verser son bol de thé.

Jeunes sœurs et leurs fils sur le pas de la porte. Merca, Somalie.

j'ai fait chauffer le fourneau de sa pipe à opium », se souvient une femme bien née, au soir de sa vie[9].

Au Vietnam, fortement soumis à l'influence du droit ancien chinois, le père avait tous les droits sur ses enfants : « L'autorité du chef de famille peut s'exercer sur ses femmes, ses enfants, ses brus (dans certains cas sur ses gendres) et sur ses domestiques. Elle n'est pas illimitée et si, au dire de vieux notables, la mise à mort d'un enfant par son père échappait à la sanction de l'ancien code pénal quand elle était motivée, elle entraînait pourtant un jugement rendu par l'assemblée des notables, qui exigeait la justification de l'acte[10]. »

« Le meurtre d'un enfant par son ascendant est puni, si la mort a été la suite d'un châtiment mérité, de cent coups de bâton, auxquels s'ajoute un an de travail pénible, si l'enfant a été tué

Portraits de sœurs : trois foulards, trois chapelets, trois robes violettes. Près de Kimba, Rift africain, Éthiopie.

sans motif légitime. Lorsqu'il s'agit d'un enfant qui a contracté l'habitude de l'insubordination, le père, excusé par la loi, n'encourt pas de condamnation[11]. »

Tout cela ne signifie pas que le père n'aime pas ses enfants. En Afrique, les enfants sont « le bonheur de la vie ». Partout, ils apportent la joie au foyer, ils distraient de la monotonie de l'existence, par leur innocence et leur ardeur à apprendre. On espère tout pour eux. C'est la raison pour laquelle le père est sévère avec son fils : celui-ci lui succèdera un jour, il faut donc qu'il soit digne de son père, qu'il le représente fièrement. L'enfant doit être parfait, car il perpétue le nom de son père, recueille son héritage et entretiendra sa mémoire ainsi que le culte des ancêtres. Dérisoire rempart contre l'angoisse de la mort, les parents espèrent que leurs enfants les « prolongeront ».

CI-DESSUS : mère enceinte et son fils sur un âne. Les deux cigognes, qui ont installé leur nid sur le toit de la maison berbère, laissent présager que le futur bébé sera un garçon. Monts de l'Atlas, Maroc.

À DROITE : femmes et enfants berbères attendant la venue du roi Hassan II. Elles hululent leur chant, en frappant dans leurs mains ou sur des tambours. Gorges du Todra, Maroc.

Saut dans le soleil
couchant, sur le fleuve
Irrawaddy. Birmanie.

Quatre générations
de Kazakhs de l'Altaï.
Printemps mongol,
près de la république
de Tanna-Tuva.

La famille étend au soleil saris et pantalons. Bihar, Inde orientale.

Nous élevons nos enfants pour qu'ils nous quittent un jour. Nous espérons toutefois un peu de plaisir et de satisfaction de leur bref séjour avec nous. Nous espérons aussi qu'ils penseront à nous plus tard et qu'ils sauront entretenir notre souvenir quand nous aurons rejoint l'autre monde.

L'éducation est un exercice périlleux, entre séduction et contrainte, entre trop de présence et trop d'absence, entre respect de l'autre et répression. Guider l'enfant, le conduire ou le redresser. À cet exercice, chaque société apporte ses réponses, du laisser-aller bienveillant à la contrainte de règles et de codes stricts. Le rôle des adultes est délicat. Ils voient grandir cet enfant issu d'eux-mêmes, mais qui devient de plus en plus incompréhensible, lointain. Qui refuse de les reproduire, de leur ressembler.

**Réunion de famille.
Désert du Thar,
Rajasthan, Inde.**

Le père doit être à la fois sévère et affectueux, proche et distant, servir de guide, de repère et non de repoussoir. La mère doit accepter que son « bébé » grandisse, qu'il n'ait plus besoin d'elle, qu'il ne la regarde plus avec la même vénération.

Il faut donner de l'amour, de l'attention, être disponible, et en même temps orienter, au besoin corriger. Il faut être là quand il le faut, mais aussi savoir s'effacer pour laisser les enfants grandir à leur rythme. Leur montrer la voie tout en les laissant la découvrir.

L'adolescence occidentale consiste à suivre la voie tracée par ses parents, ou bien à s'affirmer en s'en écartant, à s'affranchir de leur image pour se construire. Dans des cultures plus traditionnelles, l'adolescence conduit, tout au contraire, à se faire accepter dans les sociétés des adultes en se conformant à leurs modèles.

À GAUCHE : mère grondant sa fille sur le patio d'une *haveli* (villa). Jaiselmer, Inde.

CI-DESSUS : fleur berbère. Vallée de Dadès, Maroc.

Notes

Chapitre I : Poupons et bambins

1. Jeanne Cuisinier. *Les Mu'o'ng. Géographie humaine et sociologie*, Paris, institut d'Ethnologie, 1948, pp. 419, 427.
2. Jacques Soustelle, *La Vie quotidienne des Aztèques*, Paris. Hachette, 1995, pp. 193-194.
3. Denise Paulme. *Les Gens du riz. Kissi de haute Guinée française*, Paris, Plon, 1954. p. 140.
4. Cherif Alhassane. Les *Manding de Guinée sont structurés par la parole*. thèse, université de Paris VII. octobre 2001. p. 50.
5. Yvonne Broutin, *Vêtements et Sociétés*, Paris, musée de l'Homme, laboratoire d'Ethnologie, 1981. p. 263.
6. Margaret Sinclair Stevenson, *Les Rites des deux-fois-nés*. Paris, Le Soleil noir, 1982. pp. 46-47.
7. Jeanne Cuisinier, *op. cit.*, p. 427.
8. Béatrice Milcent. *Cheminements. Écrits offerts à Georges Condominas*, ASEMI. XI. 1-4, 1980, p. 510.
9. Jeanne Cuisinier, *op. cit.*. pp. 278-279.
10. Ruth Benedict. *Échantillons de civilisations*. Paris. Gallimard, 1950. pp. 338-339.

Chapitre II : Grandir

1. Commandant Baudesson, *Au pays des superstitions* et des rites. *Chez les Moïs et les Chams*. Paris. Plon. 1932, p. 201.
2. Jeanne Cuisinier, *Les Mu'o'ng. Géographie humaine et sociologie*, Paris. institut d'Ethnologie, 1940. p. 246.
3. Commandant Baudesson, *Au pays des superstitions et des rites. Chez les Moïs et les Chams*, Paris, Plon, 1932. p. 202.
4. *L'Univers pittoresque. Tartarie*. Paris. Firmin-Didot, 1848. p. 225.
5. Commandant Baudesson, *op. cit.*, p. 49.
6. Denise Paulme, *op. cit.*. p. 113.
7. Francis Bebey, *Le Fils d'Agatha Moudio*. Yaoundé. éditions Clé, 1967. pp. 23-24.
8. Denise Paulme, *Les Gens du riz.* Kissi de *haute Guinée française*. Paris, Plon, 1954, p. 114.
9. Marie-Cécile et Edmond Ortigues, *Œdipe africain*, Paris, Plon, 10/18, 1973, pp. 25-26.
10. *La Vie du paysan Khmer*, Phnom-Penh, Institut bouddhique. 1969, p. 84.
11. Commandant Baudesson, *op. cit.*, p. 205.
12. Dominique Fernandez. *Mère Méditerranée*. Paris, Grasset, 1965. p. 49.
13. Amadou Hampâté Bâ, *Amkoullel, l'enfant Peul*, Arles. Actes Sud, 1991, p. 249.
14. Marie-Cécile et Edmond Ortigues, *op. cit.*, p. 34.
15. Amadou Hampâté Bâ. *op. cit.*, pp. 230. 233.
16. *La Vie du paysan Khmer*, Phnom-Penh, Institut bouddhique. 1969, p. 84.
17. Marie-Cécile et Edmond Ortigues, *op. cit.*, p. 21.

Chapitre III : Jouer

1. Jean-Baptiste Faivre, *Poupées-jouets. poupées-reflets*, Paris. musée de l'Homme. laboratoire d'Ethnologie. 1983, p. 161.
2. Solange Thierry, *Poupées-jouets, poupées-reflets*, p. 88.
3. Jean-Paul Lebœuf, *Poupées-jouets, poupées-reflets*, p. 98.
4. Denise Paulme, *Les Gens du riz. Kissi de haute Guinée française*. Paris, Plon. 1954, p. 116.
5. Jean Guiart, *Poupées-jouets, poupées-reflets*. Paris, musée de l'Homme, laboratoire d'Ethnologie. préface.
6. *L'Univers pittoresque. Tartarie*. Paris. Firmin-Didot. 1848, pp. 137-138.
7. Levchine, in *L'Univers pittoresque. Tartarie*, pp. 137-138.

Chapitre IV : l'apprentissage

1. Denise Paulme, *Les Gens du riz. Kissi de haute Guinée française*. Paris. Plon. 1954, p. 114.
2. Jacques Soustelle. *La Vie quotidienne des Aztèques*. Paris, Hachette. 1995, pp. 198-199.
3. Yvonne de Sike. *Mariages d'ailleurs*, Paris, musée de l'Homme, laboratoire d'Ethnologie. 1995, p. 57.
4. Nina Abramtchik. juillet 2001.
5. Amadou Hampâté Bâ, *Amkoullel, l'enfant Peul*, Arles, Actes Sud, 1991, p. 272.
6. Ruth Benedict, *Échantillons de civilisations*. Paris, Gallimard, 1950, p. 141.
7. Denise Paulme, *op. cit.*, pp. 115-116.
8. Denise Paulme, *op. cit.*, p. 115.
9. Cherif Alhassane, *Les Manding de Guinée sont structurés par la parole*, thèse, université de Paris VII, octobre 2001, p. 59.

Chapitre V : Portraits de familles

1. Amadou Hampâté Bâ, *Amkoullel, l'enfant Peul*, Arles. Actes Sud, 1991, p. 19.
2. Denise Paulme, *Les Gens du riz. Kissi de haute Guinée française*. Paris, Plon. 1954, pp.117-118.
3. Denise Paulme, *op. cit.*, pp. 117-118.
4. B. Malinowski, cité par Roger Bastide, *Ethnologie générale*, Paris, Encyclopédie de la Pléiade, p. 1694.
5. *La Vie du paysan Khmer*. Phnom-Penh. Institut bouddhique, 1969. p. 82.
6. Germaine Tillion, *Le Harem et les Cousins*, Paris, Le Seuil. 1966, pp. 115, 207.
7. Germaine Tillion, *op. cit.*, p. 117.
8. *Manuel à l'usage des troupes employées outre-mer*, Paris, Imprimerie nationale, 1925, p. 148.
9. Père R. Dulucq. *Nuage d'automne*, Paris. Librairie vincentienne et missionnaire, 1935, pp. 68-69.
10. Jeanne Cuisinier, *Les Mu'o'ng. Géographie humaine et sociologie*. Paris, institut d'Ethnologie, 1940. p. 244.
11. E. Luro. *Le Pays d'Annam*, p. 207.

ISBN : 2 85025 794 X
Dépôt légal : octobre 2001

Suivi éditorial : Catherine Bray et Hélène de Bettignies, avec la collaboration d'Isabelle Chain
Conception graphique : Sylvie Milliet
Photogravure : Arts Graphiques du Centre, Saint-Avertin
Imprimé par Milanostampa, Farigliano, Italie